edition suhrkamp

Redaktion: Günther Busch

D0861904

Bertolt Brecht, geboren am 10. Februar 1898 in Augsburg, starb am 14. August 1956 in Berlin.
Das Stück *Furcht und Elend des Dritten Reiches* ist in den Jahren 1935 bis 1939 in der Emigration entstanden. Einige Szenen daraus wurden 1937 von Brecht und Helene Weigel in Paris uraufgeführt. Der ursprüngliche Titel *Deutschland – ein Greuelmärchen* zeigt, in welche Tradition Brecht dieses Stück eingereiht wissen wollte. Er sah die Verhältnisse im »Reich« mit dem scharfen Blick des Emigranten und beschrieb sie mit knapper, realistischer Genauigkeit. Die vierundzwanzig Szenen des Stücks zeichnen das Bild des Faschismus und der ihn konstituierenden Mentalität.

Bertolt Brecht
Furcht und Elend des Dritten Reiches

Suhrkamp Verlag

Mitarbeiter
M. Steffin

edition suhrkamp 392
Erste Auflage 1970
© Suhrkamp Verlag, Berlin 1957. Printed in Germany. Alle Rechte
vorbehalten, insbesondere das der Übersetzung, des öffentlichen Vor-
trags, des Rundfunkvortrags, der Fernsehausstrahlung und der Verfil-
mung, auch einzelner Abschnitte. Das Recht der Aufführung oder Sen-
dung ist nur vom Suhrkamp Verlag, Frankfurt am Main, zu erwerben.
Den Bühnen und Vereinen gegenüber als Manuskript gedruckt. Druck:
Ebner & Spiegel, Ulm. Gesamtausstattung: Willy Fleckhaus.

26 27 28 29 30 – 07 06 05

Furcht und Elend des Dritten Reiches
24 Szenen

Als wir im fünften Jahre hörten, jener
Der von sich sagt, Gott habe ihn gesandt
Sei jetzt fertig zu seinem Krieg, geschmiedet
Sei Tank, Geschütz und Schlachtschiff, und es stünden
In seinen Hangars Flugzeuge von solcher Anzahl
Daß sie, erhebend sich auf seinen Wink
Den Himmel verdunkeln würden, da beschlossen wir
Uns umzusehn, was für ein Volk, bestehend aus was für
          Menschen
In welchem Zustand, mit was für Gedanken
Er unter seine Fahne rufen wird. Wir hielten Heerschau.

Dort kommen sie herunter:
Ein bleicher, kunterbunter
Haufe. Und hoch voran
Ein Kreuz auf blutroten Flaggen
Das hat einen großen Haken
Für den armen Mann.

Und die, die nicht marschieren
Kriechen auf allen vieren
In seinen großen Krieg.
Man hört nicht Stöhnen noch Klagen
Man hört nicht Murren noch Fragen
Vor lauter Militärmusik.

Sie kommen mit Weibern und Kindern
Entronnen aus fünf Wintern
Sie sehen nicht fünfe mehr.
Sie schleppen die Kranken und Alten
Und lassen uns Heerschau halten
Über sein ganzes Heer.

VOLKSGEMEINSCHAFT

> Dort kommen SS-Offiziere
> Von seiner Rede und seinem Biere
> Sind sie müd und voll.
> Sie wünschen, daß das Volk ein mächtiges
> Gefürchtetes, andächtiges
> Und folgsames Volk sein soll.

Nacht des 30. Januar 1933. Zwei SS-Offiziere torkeln die Straße herunter.

DER ERSTE Nu sind wir oben. Imposant, der Fackelzug! Jestern noch pleite, heut schon in die Reichskanzlei. Jestern Pleitejeier, heute Reichsadler.
Sie lassen ihr Wasser.

DER ZWEITE Und nu kommt die Volksjemeinschaft. Ick erwarte mir een seelischen Uffschwung des deutschen Volkes in allerjrößten Maßstab.

DER ERSTE Erst muß noch der deutsche Mensch rausjekitzelt werden aus det Untermenschenjesindel. Was is 'n det überhaupt für 'ne Jejend? Keene Beflaggung.

DER ZWEITE Wir ham uns verloofen.

DER ERSTE Eklije Landschaft.

DER ZWEITE Vabrecherviertel.

DER ERSTE Meenste, det ist jefährlich hier?

DER ZWEITE Een anständijer Volksjenosse wohnt nicht in so 'ne Baracke.

DER ERSTE Is ooch nirjends Licht!

DER ZWEITE Die sind nich zu Hause.

DER ERSTE Die Brüder sind. Meenste, die bekieken sich den Anbruch vont Dritte Reich aus de Nähe? Jehn wa mit Rückendeckung.

Sie setzen sich schwankend wieder in Bewegung, der erste hinter dem zweiten.

DER ERSTE Is det nich die Jejend, wo der Kanal langjeht?

DER ZWEITE Weeß ick nich.

DER ERSTE Da ham wir an de Ecke so 'n Marxistennest aus- jehoben. Hinterher ham se jesagt, et war 'n katholscher Lehrlingsverein. Allet Lüje! Keen einzijer hatte 'n Kragen um.

DER ZWEITE Meenste, er schafft die Volksjemeinschaft?

DER ERSTE Er schafft allet!

Er bleibt wie erstarrt stehen und lauscht. Ein Fenster ist wo geöffnet worden.

DER ZWEITE Was is det?

Er entsichert seinen Dienstrevolver. Ein alter Mann beugt sich im Nachthemd aus dem Fenster, und man hört ihn leise »Emma, bist du's?« rufen.

DER ZWEITE Det sind se!

Er fährt wie ein Rasender herum und fängt an, nach allen Richtungen zu schießen.

DER ERSTE *brüllt:* Hilfe!

Hinter einem Fenster gegenüber dem geöffneten, in dem immer noch der alte Mann steht, wird der furchtbare Auf- schrei eines Getroffenen hörbar.

DER VERRAT

> Dort kommen Verräter, sie haben
> Dem Nachbarn die Grube gegraben
> Sie wissen, daß man sie kennt.
> Vielleicht: die Straße vergißt nicht?
> Sie schlafen schlecht: noch ist nicht
> Aller Tage End.

Breslau, 1933. Kleinbürgerwohnung. Eine Frau und ein Mann stehen an der Tür und horchen. Sie sind sehr blaß.

DIE FRAU Jetzt sind sie drunten.

DER MANN Noch nicht.

DIE FRAU Sie haben das Geländer zerbrochen. Er war schon bewußtlos, wie sie ihn aus der Wohnung geschleppt haben.

DER MANN Ich habe doch nur gesagt, daß das Radio mit den Auslandssendungen nicht von hier kam.

DIE FRAU Du hast doch nicht nur das gesagt.

DER MANN Ich habe nichts sonst gesagt.

DIE FRAU Schau mich nicht so an. Wenn du nichts sonst gesagt hast, dann hast du eben nichts sonst gesagt.

DER MANN Das meine ich auch.

DIE FRAU Warum gehst du nicht hin auf die Wache und sagst aus, daß sie keinen Besuch hatten am Samstag.
Pause.

DER MANN Ich geh nicht auf die Wache. Das sind Tiere, wie sie mit ihm umgegangen sind.

DIE FRAU Es geschieht ihm recht. Warum mischt er sich in die Politik.

DER MANN Aber sie hätten ihm nicht die Jacke zu zerreißen brauchen. So dick hat es unsereiner nicht.

DIE FRAU Auf die Jacke kommt es doch nicht an.

DER MANN Sie hätten sie ihm nicht zerreißen brauchen.

3

DAS KREIDEKREUZ

> Es kommen die SA-Leute
> Sie spüren wie eine Meute
> Hinter ihren Brüdern her.
> Sie legen sie den fetten Bonzen zu Füßen
> Und heben die Hände und grüßen.
> Die Hände sind blutig und leer.

Berlin, 1933. Eine Herrschaftsküche. Der SA-Mann, die Köchin, das Dienstmädchen, der Chauffeur.

DAS DIENSTMÄDCHEN Hast du wirklich nur eine halbe Stunde Zeit?

DER SA-MANN Nachtübung!

DIE KÖCHIN Was übt ihr denn da immer?

DER SA-MANN Das ist Dienstgeheimnis!

DIE KÖCHIN Ist es eine Razzia?

DER SA-MANN Ja, das möchten Sie wissen! Aber von mir erfährt keiner was. Aus dem Brunnen fischen Sie nichts raus.

DAS DIENSTMÄDCHEN Und du mußt noch raus bis Reinickendorf?

DER SA-MANN Reinickendorf oder Rummelsburg, und vielleicht ist es auch Lichterfelde, wie?

DAS DIENSTMÄDCHEN *etwas verwirrt:* Willst du nicht etwas essen, bevor du losgehst?

DER SA-MANN Eh ich mich nötigen lasse: immer ran mit der Gulaschkanone!

Die Köchin bringt ein Tablett.

DER SA-MANN Ja, ausgeplaudert wird nicht! Immer den Gegner überraschen! Immer von einer Seite kommen, wo er kein Wölkchen sieht. Sehen Sie sich mal den Führer an, wenn der einen Coup vorbereitet! Undurchdringlich! Da wissen Sie gar nichts vorher. Vielleicht weiß er es selber nicht mal vorher. Und dann kommt's schlagartig. Die tollsten Sachen. Das ist es, was uns so gefürchtet macht. *Er hat sich die Serviette umgebunden. Messer und Gabel erhoben, erkundigt er sich:* Kann die Herrschaft nicht hereingeschneit kommen, Anna? Daß ich dann dasitze, das Maul voll Remouladensoße. *Sagt übertrieben, wie mit vollem Mund:* Heil Hitler!

DAS DIENSTMÄDCHEN Nein, da klingeln sie zuerst nach dem Wagen an, nicht, Herr Francke?

DER CHAUFFEUR Wie beliebt? Ja, jawohl!

Der SA-Mann beginnt beruhigt, sich mit dem Tablett zu beschäftigen.

DAS DIENSTMÄDCHEN *neben ihm sitzend:* Bist du nicht müde?

DER SA-MANN Kolossal.

DAS DIENSTMÄDCHEN Aber Freitag hast du doch frei?

DER SA-MANN *nickt:* Wenn nichts dazwischenkommt.

DAS DIENSTMÄDCHEN Du, die Reparatur von der Uhr hat vier Mark fünfzig gekostet.

DER SA-MANN Unverschämt.

DAS DIENSTMÄDCHEN Die ganze Uhr hat nur zwölf Mark gekostet.

DER SA-MANN Ist der Ladenschwengel von der Drogerie immer noch zudringlich?

DAS DIENSTMÄDCHEN Ach Gott.

DER SA-MANN Du brauchst es mir nur zu sagen.

DAS DIENSTMÄDCHEN Ich sage dir doch alles. Hast du die neuen Stiefel an?

DER SA-MANN *lustlos:* Ja. Warum?

DAS DIENSTMÄDCHEN Minna, haben Sie die neuen Stiefel von Theo schon gesehen?

DIE KÖCHIN Nein.

DAS DIENSTMÄDCHEN Zeig doch mal, Theo! Die kriegen sie jetzt.

Der SA-Mann, kauend, streckt sein Bein zur Besichtigung aus.

DAS DIENSTMÄDCHEN Schön, nicht?

Der SA-Mann schaut suchend herum.

DIE KÖCHIN Fehlt was?

DER SA-MANN Bißchen trocken.

DAS DIENSTMÄDCHEN Willst du Bier haben? Ich hol dir. *Sie läuft hinaus.*

DIE KÖCHIN Die würde sich ja die Beine aus dem Leib rennen für Sie, Herr Theo!

DER SA-MANN Ja, so was muß klappen bei mir. Schlagartig.

DIE KÖCHIN Ihr Männer könnt euch viel zuviel erlauben.

DER SA-MANN Das Weib will das. *Da die Köchin einen schweren Kessel aufnimmt:* Was rackern Sie sich denn da ab? Lassen Sie mal, das ist meine Sache. *Er schleppt ihr den Kessel.*

DIE KÖCHIN Das ist gut von Ihnen. Sie finden auch jedesmal was, was Sie mir abnehmen können. So gefällig ist nicht jeder. *Mit einem Blick auf den Chauffeur.*

DER SA-MANN Quatschen Sie keine Opern. Das tun wir gerne. *Es klopft am Kücheneingang.*

DIE KÖCHIN Das ist mein Bruder. Der bringt die Radiolampe. *Sie läßt ihren Bruder, einen Arbeiter, ein.*

DIE KÖCHIN Mein Bruder.

DER SA-MANN UND DER CHAUFFEUR Heil Hitler!

Der Arbeiter murmelt etwas, was zur Not »Heil Hitler« geheißen haben kann.

DIE KÖCHIN Hast du die Lampe?

DER ARBEITER Ja.

DIE KÖCHIN Willst du sie gleich einschrauben? *Die beiden gehen hinaus.*

DER SA-MANN Was ist denn das für einer?

DER CHAUFFEUR Arbeitslos.

DER SA-MANN Kommt der öfter?

DER CHAUFFEUR *zuckt die Achseln:* Ich bin ja selten da.

DER SA-MANN Na, die Dicke ist ja treu wie Gold im nationalen Sinne.

DER CHAUFFEUR Absolut.

DER SA-MANN Aber deswegen kann der Bruder immer noch ganz was anderes sein.

DER CHAUFFEUR Haben Sie da einen bestimmten Verdacht?

DER SA-MANN Ich? Nein. Nie! Ich hab nie Verdacht. Wissen Sie, Verdacht, das ist schon gradsogut wie Gewißheit. Und dann setzt es auch schon was.

DER CHAUFFEUR *murmelt:* Schlagartig.

DER SA-MANN So ist es. *Zurückgelehnt, ein Auge geschlossen:* Haben Sie verstanden, was der dahermurmelte? *Er macht den Gruß des Arbeiters nach.* Kann »Heil Hitler« geheißen haben. Muß nicht. Die Brüder hab ich schon gern.
Er lacht schallend. Die Köchin und der Arbeiter kommen zurück. Sie stellt ihm etwas zum Essen hin.

DIE KÖCHIN Mein Bruder ist so geschickt mit dem Radio. Dabei macht er sich gar nichts draus, Radio zu hören. Wenn ich Zeit hätte, würde ich immer andrehen. *Zum Arbeiter:* Und Zeit hast du doch im Überfluß, Franz.

DER SA-MANN Tatsächlich? Sie haben ein Radio und drehen das Ding nicht an?

DER ARBEITER Mal Musik.

DIE KÖCHIN Dabei hat er sich rein aus nichts den feinsten Apparat zusammengebastelt.

DER SA-MANN Wieviel Röhren haben Sie denn?

DER ARBEITER *ihn herausfordernd anstarrend:* Vier.

DER SA-MANN Na, die Geschmäcker sind eben verschieden. *Zum Chauffeur:* Nicht?

DER CHAUFFEUR Wie beliebt? Ja, natürlich.
Das Dienstmädchen kommt mit dem Bier.

DAS DIENSTMÄDCHEN Eisgekühlt!

DER SA-MANN *legt freundlich seine Hand auf die ihre:* Mädchen, du bist ja ganz außer Puste. So hättest du nicht laufen müssen, ich hätte doch auch warten können.
Sie schenkt ihm aus der Flasche ein.

DAS DIENSTMÄDCHEN Macht nichts. *Gibt dem Arbeiter die Hand.* Haben Sie die Lampe gebracht? Aber setzen Sie sich doch ein bißchen. Sie sind doch wieder den ganzen Weg reingelaufen. *Zum SA-Mann:* Er wohnt in Moabit.

DER SA-MANN Wo ist denn mein Bier? Da hat mir einer mein Bier weggetrunken! *Zum Chauffeur:* Haben Sie mir mein Bier weggetrunken?

DER CHAUFFEUR Nein, sicher nicht! Wie kommen Sie darauf? Ist Ihr Bier weg?

DAS DIENSTMÄDCHEN Aber ich hab dir doch eingegossen?

DER SA-MANN *zur Köchin:* Sie haben ja mein Bier weggesoffen! *Er lacht schallend.* Na, beruhigt euch mal. Kleiner Trick aus dem Sturmlokal! Bier wegtrinken, ohne daß es einer sieht oder hört. *Zum Arbeiter:* Wollten Sie was sagen?

DER ARBEITER Alter Trick.

DER SA-MANN Vielleicht machen Sie's mal nach! *Er schenkt ihm aus der Flasche ein.*

DER ARBEITER Schön. Also hier habe ich das Bier – *er hebt das Glas hoch –*, und jetzt kommt der Trick. *Er trinkt ganz ruhig und genußvoll das Bier.*

DIE KÖCHIN Aber das sieht man doch!

DER ARBEITER *sich den Mund abwischend:* So? Da ist es, scheint's, mißglückt.

Der Chauffeur lacht laut.

DER SA-MANN Finden Sie das so komisch?

DER ARBEITER Sie können es doch auch nicht anders gemacht haben? Wie haben Sie es denn gemacht?

DER SA-MANN Wie soll ich Ihnen das zeigen, wo Sie mir das Bier weggesoffen haben?

DER ARBEITER Ja, das ist richtig. Ohne Bier können Sie den Trick nicht machen. Können Sie keinen andern Trick? Ihr könnt doch mehr als einen Trick.

DER SA-MANN Wer »ihr«?

DER ARBEITER Ich meine, ihr jungen Leute.

DER SA-MANN So.

DAS DIENSTMÄDCHEN Aber das war doch nur ein Spaß von Herrn Lincke, Theo!

DER ARBEITER *hält es für besser, einzulenken:* Das werden Sie doch nicht übelnehmen!

DIE KÖCHIN Ich hole Ihnen noch ein Bier.

DER SA-MANN Ist nicht nötig. Runterspülen hab ich können.

DIE KÖCHIN Der Herr Theo versteht ja einen Scherz.

DER SA-MANN *zum Arbeiter:* Warum setzen Sie sich nicht? Wir fressen niemanden.

Der Arbeiter setzt sich.

DER SA-MANN Leben und leben lassen. Und mal ein Scherz. Warum nicht? Scharf sind wir nur in puncto Gesinnung.

DIE KÖCHIN Das müßt ihr auch.

DER ARBEITER Wie ist denn die Gesinnung jetzt so?

DER SA-MANN Die Gesinnung ist gut. Sind Sie anderer Ansicht?

DER ARBEITER Nein. Ich meine nur, es sagt einem ja keiner, was er denkt.

DER SA-MANN Sagt einem keiner? Wieso? Mir sagen sie es.

DER ARBEITER Tatsächlich?

DER SA-MANN Kommen werden sie natürlich nicht, um es einem zu erzählen, was sie denken. Geht man eben hin.

DER ARBEITER Wohin?

DER SA-MANN Na, sagen wir, auf die Stempelstellen. Vormittags sind wir da an den Stempelstellen.

DER ARBEITER Da meckert ja mitunter noch einer, das ist richtig.

DER SA-MANN Eben.

DER ARBEITER So können Sie aber auch nur einmal einen rausfischen, dann kennt man Sie doch. Und dann schweigen sie schon wieder.

DER SA-MANN Wieso kennt man mich dann? Soll ich Ihnen zeigen, wie man mich nicht kennt? Sie interessieren sich doch für Tricks. Einen kann ich Ihnen ja ruhig zeigen, weil wir viele haben. Und ich sage immer, wenn sie merken, was wir alles auf dem Kasten haben und daß sie unter keinen wie immer gearteten Umständen durchkommen, geben sie es vielleicht doch auf.

DAS DIENSTMÄDCHEN Ja, Theo, erzähl, wie ihr's macht!

16

DER SA-MANN Also angenommen, wir sind auf der Stempelstelle Münzstraße. Sagen wir – *auf den Arbeiter blickend* –,
Sie stehen vor mir in der Reihe. Aber vorher muß ich noch
einige kleinere Vorbereitungen treffen. *Er geht hinaus.*

DER ARBEITER *blinzelt dem Chauffeur zu:* Na, jetzt wollen
wir mal sehen, wie sie es machen.

DIE KÖCHIN Alle Marxisten werden noch ausfindig gemacht
werden, weil man nicht dulden kann, daß sie alles zersetzen.

DER ARBEITER Aha.

Der SA-Mann kommt zurück.

DER SA-MANN Ich bin natürlich in Zivilkluft. *Zum Arbeiter:*
Also fangen Sie mal an zu meckern.

DER ARBEITER Über was?

DER SA-MANN Na, haben Sie sich man nicht so. Etwas habt ihr
doch immer.

DER ARBEITER Ich? Nein.

DER SA-MANN Sie sind ja ein ganz Abgebrühter. Sie können
doch nicht behaupten, daß alles tipptopp ist!

DER ARBEITER Wieso nicht?

DER SA-MANN Also so geht's nicht. Wenn Sie nicht mitmachen,
dann geht's nicht.

DER ARBEITER Also gut. Dann will ich mir mal das Maul ver-
brennen. Rumstehen lassen sie einen hier, als ob unsere Zeit
gar nichts wäre. Zwei Stunden hab ich dabei schon von
Rummelsburg herein.

DER SA-MANN Das ist doch nichts. Rummelsburg ist doch im
Dritten Reich nicht weiter von der Münze weg als in der
Weimarer Bonzenrepublik. Gehen Sie doch mal ins Zeug!

DIE KÖCHIN Das ist doch bloß Theater, Franz, wir wissen
doch, das, was du hier machst, das ist gar nicht deine Meinung.

DAS DIENSTMÄDCHEN Sie stellen doch bloß sozusagen einen
Meckerer dar! Da können Sie sich auf Theo ganz verlassen,
daß er das nicht falsch aufnimmt. Er will doch bloß was
zeigen.

DER ARBEITER Gut. Dann sage ich: die ganze SA, so schön wie sie ist, kann mich am Arsch lecken. Ich bin für die Marxisten und für die Juden.

DIE KÖCHIN Aber Franz!

DAS DIENSTMÄDCHEN Das geht doch nicht, Herr Lincke!

DER SA-MANN *lachend:* Mensch! Da lasse ich Sie doch einfach vom nächsten Schupo verhaften! Haben Sie denn nicht für 'nen Groschen Phantasie? Sie müssen doch was sagen, was Sie eventuell noch umdrehen können, etwas, was man wirklich zu hören kriegen kann.

DER ARBEITER Ja, da müssen Sie schon so freundlich sein und mich provozieren.

DER SA-MANN Das zieht doch schon lange nicht mehr. Da könnte ich sagen: unser Führer ist der größte Mensch, der je über den Erdboden gewandelt ist, größer als Jesus Christus und Napoleon zusammengenommen, da sagen sie doch höchstens: das schon. Da geh ich lieber auf die andere Tour und sage: mit dem Maul sind sie groß. Alles Propaganda. Da sind sie Meister drin. Kennt ihr den Witz mit Goebbels und den zwei Läusen? Nein? Also zwei Läuse machen eine Wette, wer zuerst von einem Mundwinkel zum andern kommt. Da soll die gewonnen haben, die hinten um den Kopf rumlief. Das soll kürzer sein.

DER CHAUFFEUR Ach so.

Alle lachen.

DER SA-MANN *zum Arbeiter:* Na, jetzt riskieren Sie aber auch mal eine Lippe.

DER ARBEITER Auf so was kann ich doch noch nicht losquatschen. Wegen dem Witz könnten Sie doch immer noch ein Spitzel sein.

DAS DIENSTMÄDCHEN Das ist richtig, Theo.

DER SA-MANN Ihr seid richtige Scheißkerle! Was ich mich da schon geärgert habe! Keiner traut sich, einen Ton von sich zu geben.

DER ARBEITER Meinen Sie das wirklich, oder sagen Sie das an der Stempelstelle?

DER SA-MANN Das sage ich auch an der Stempelstelle.

DER ARBEITER Wenn Sie das an der Stempelstelle sagen, dann sage ich Ihnen an der Stempelstelle: Vorsicht ist die Mutter von die Porzellankiste. Ich bin feige, ich habe keinen Revolver.

DER SA-MANN Da will ich dir was sagen, Kollege, weil du schon so viel von der Vorsicht hältst: da bist du vorsichtig und bist du vorsichtig und dann bist du plötzlich im Freiwilligen Arbeitsdienst!

DER ARBEITER Und wenn du unvorsichtig bist?

DER SA-MANN Dann bist du allerdings auch drin. Das will ich ja zugeben. Das geht eben freiwillig. Schöne Freiwilligkeit, nicht?

DER ARBEITER Jetzt könnte es ja möglich sein, wenn einer so eine kühne Seele wäre und ihr stündet vor der Stempelstelle und Sie sähen ihn so an mit Ihren blauen Augen, daß er da auch mal was zum besten gäbe über den Freiwilligen Arbeitsdienst. Was könnte einer denn da sagen? Vielleicht: gestern sind wieder fünfzehn abgegangen. Ich frage mich oft, wie sie das bei denen erreichen, wo doch alles freiwillig ist, und dabei kriegen sie, wenn sie was tun, nicht mehr, als wenn sie nichts tun, aber essen müssen sie mehr. Dann hab ich die Geschichte von Doktor Ley und der Katze gehört, und da war mir natürlich alles klar. Kennt ihr die Geschichte?

DER SA-MANN Nein, kennen wir nicht.

DER ARBEITER Also der Doktor Ley macht eine kleine Geschäftsreise »Kraft durch Freude« und trifft da so einen Bonzen aus der Weimarer Republik, ich kenne die Namen ja nicht so, vielleicht war's auch im KZ, aber da kommt der Doktor Ley ja nicht hin, weil er sehr vernünftig ist, und der Bonze fragt ihn gleich, wie er jetzt das alles so macht, daß die Arbeiter alles fressen, was sie sich früher partout nicht

haben gefallen lassen. Zeigt der Doktor Ley auf eine Katze, die sich da gesonnt hat, und sagt: angenommen, Sie wollen ihr mal einen tüchtigen Schlag Senf versetzen, daß sie's runterwürgt, ob's ihr nun gefällt oder nicht. Wie machen Sie das? Der Bonze nimmt den Senf und schmiert ihn dem Vieh ins Maul, selbstverständlich spuckt ihm das Biest den Senf schlankweg ins Gesicht, von Schlucken keine Spur, aber Kratzwunden noch und noch! Nein, Mensch, sagt der Doktor Ley auf seine gewinnende Art, das ist verfehlt. Seht mir mal zu! Er nimmt den Senf mit 'nem gewandten Schwung und klebt ihn dem unglücklichen Tier wuppdichhastenichtgesehen ins Arschloch. *Zu den Damen:* Sie entschuldigen schon, aber das gehört zu der Geschichte. – Das Tier, ganz benommen und betäubt, denn das schmerzt furchtbar, bemüht sich sogleich, den ganzen Schlag rauszulecken. Sehen Sie, lieber Mann, sagt der Doktor Ley triumphierend, jetzt frißt sie! Und das freiwillig!
Sie lachen.

DER ARBEITER Ja, das ist sehr komisch.

DER SA-MANN Jetzt geht's ja einigermaßen. Freiwilliger Arbeitsdienst, das ist ein beliebtes Thema. Das schlimmste ist, daß sich keiner mehr zum Widerstand aufraffen tut. Uns können sie ja Dreck zu fressen geben, dann sagen wir auch noch danke schön.

DER ARBEITER Nein, das stimmt auch nicht. Steh ich da neulich auf dem Alex und überlege, ob ich mich impulsiv zum Freiwilligen Arbeitsdienst melden soll oder warten, bis sie mich per Schub reinbringen. Kommt aus dem Lebensmittelgeschäft an der Ecke so eine kleine Dünne, ersichtlich die Frau eines Proleten. Halt, sage ich, seit wann gibt's denn im Dritten Reich noch Proleten, wo wir doch die Volksgemeinschaft haben, wo doch sogar der Thyssen von erfaßt wird? Nein, sagt sie, sind die doch jetzt mit der Margarine raufgeklettert! Von fünfzig Pfennig bis auf eine Mark. Wollen Sie mir einreden, das ist Volksgemeinschaft? Mutterken, sage ich, sehn

Sie sich mal vor, was Sie zu mir so von sich geben, ich bin national bis auf die Knochen. Knochen, sagt sie, und kein Fleisch, und Kleie in die Backwaren. Soweit ist die gegangen! Ich stehe ganz verdattert und murmele: müssen Sie eben Butter kaufen! Ist auch gesünder! Nur nicht am Essen gespart, weil das die Volkskraft schwächen tut, was wir uns nicht leisten können bei den Feinden, von denen wir umringt sind, bis in die höchsten Amtsstellen ... werden wir da gewarnt. Nein, sagt sie, Nazis sind wir alle, bis zum letzten Atemzug, und das kann bald sein bei der Kriegsgefahr. Aber wie ich neulich, sagt sie, mein schönstes Sofa abgeben will für die Winterhilfe, weil Göring soll schon auf dem nackten Boden schlafen müssen, mit den Sorgen wegen der Rohstoffe, sagen die auf dem Amt mir, ein Piano hätten wir lieber, für »Kraft durch Freude«, wissen Sie! Da fehlt's am richtigen Mehl. Nehm ich mir mein Sofa wieder runter von der Winterhilfe und gehe zum Altwarenhändler um die Ecke, ich wollte mir schon lange mal ein halbes Pfund Butter kaufen. Sagen die im Buttergeschäft: Butter ist heute keine, Volksgenossin, wollen Sie eine Kanone? Geben Sie her, sage ich, sagt sie. Sage ich: aber was denn, wofür denn Kanonen, Mutterken? Auf den leeren Magen? Nein, sagt sie, wenn ich schon verhungern soll, dann soll alles in Grund und Boden geschossen werden, das ganze Geschmeiß mit Hitler an der Spitze ... Was denn, sage ich, was denn, ruf ich entsetzt ... Mit Hitler an der Spitze werden wir auch Frankreich besiegen, sagt sie. Wo wir doch jetzt schon aus Wolle Benzin gewinnen! Und die Wolle? sag ich. Die Wolle, sagt sie, die gewinnen wir ja nun aus Benzin. Brauchen wir auch, Wolle! Wenn da wirklich mal ein schönes Stück aus der guten alten Zeit in die Winterhilfe gerät, reißen es ja doch nur die Vertrauensleute an sich, sagt sie. Wenn das Hitler wüßte, sagen sie, der weiß ja nichts, sein Name ist Hase, soll ja auch keine höhere Schule besucht haben. Na, ich war sprachlos über solche Zersetzungen. Junge Frau, sage ich, warten Sie mal hier, ich muß auf den Alex! Aber, was sagen Sie, wie ich mit einem Beamten zurückkomme, hat sie nicht gewartet! *Hört auf zu spielen.* Na, was sagen Sie dazu?

DER SA-MANN *spielt weiter:* Ich? Ja, was sage ich da? Da blicke ich vielleicht vorwurfsvoll. Gleich auf den Alex laufen, sage ich vielleicht. Mit dir kann man ja kein freies Wort riskieren!

DER ARBEITER Kann man auch nicht. Bei mir nicht. Wenn Sie mir was anvertrauen, sind Sie aufgeschmissen. Ich kenne meine Pflicht als Volksgenosse, wenn mir meine eigene Mutter was ins Ohr flüstert von wegen Margarinepreis aufgeschlagen oder so was, gehe ich sofort ins Sturmlokal. Meinen eigenen Bruder lege ich da rein, wenn er über den Freiwilligen Arbeitsdienst meckert. Und was meine Braut ist, wenn die mir schreibt, daß sie ihr im Arbeitslager einen dicken Bauch gemacht haben mit »Heil Hitler«, da lasse ich nach ihr fahnden, abgetrieben ist nicht, weil, wenn wir das nicht so machen, nicht alle gegen unser eigen Fleisch und Blut Stellung nehmen, dann hat auch das Dritte Reich, das wir so über alles schätzen, keinen Bestand. – Ist das jetzt besser gespielt? Sind Sie mit mir zufrieden?

DER SA-MANN Ich denke schon, daß das genügt. *Spielt weiter.* Und jetzt kannst du dir ruhig deinen Stempel holen, ich habe dich verstanden, wir alle haben dich verstanden, nicht wahr, Kumpels? Aber auf mich kannst du dich verlassen, Kollege, was du mir sagst, ist wie ins offene Grab gesprochen. *Er schlägt ihm mit der Hand auf das Schulterblatt.* *Hört auf zu spielen.* So, und jetzt gehen Sie rein in die Stempelstelle, und da werden Sie auch gleich hoppgenommen.

DER ARBEITER Und ohne daß Sie aus der Reihe gehen und mir nachfolgen?

DER SA-MANN Ohne.

DER ARBEITER Und ohne daß Sie wem zuplinkern, was ja verdächtig wäre?

DER SA-MANN Ohne daß ich plinkere.

DER ARBEITER Und wie machen Sie das?

DER SA-MANN Ja, den Trick möchten Sie wissen! Stehen Sie mal auf, und jetzt geben Sie mal Ihren Rücken her. *Er dreht ihn an den Schultern so, daß alle seinen Rücken sehen können. Dann zum Dienstmädchen:* Siehst du's?

DAS DIENSTMÄDCHEN Da ist ja ein Kreuz drauf, ein weißes!

DIE KÖCHIN Mitten auf der Schulter!

DER CHAUFFEUR Tatsächlich.

DER SA-MANN Und wie ist das wohl dahin gekommen? *Zeigt seine Handfläche:* Na, da ist ja das kleine, weiße Kreidekreuz, das sich da in Lebensgröße abgebildet hat!

Der Arbeiter zieht seine Jacke aus und betrachtet das Kreuz.

DER ARBEITER Feine Arbeit.

DER SA-MANN Gut, was? Die Kreide trage ich immer bei mir. Ja, da muß einer ein Köpfchen haben, da geht's nicht nach dem Schema. *Befriedigt.* Und jetzt geht's nach Reinickendorf. *Er korrigiert sich:* Da hab ich nämlich eine Tante. Na, ihr seid ja nicht grade begeistert? *Zum Dienstmädchen:* Was siehst du denn so doof drein, Anna? Hast wohl den ganzen Trick nicht verstanden, was?

DAS DIENSTMÄDCHEN Doch. Wo denkst du hin, so dämlich bin ich doch auch nicht.

DER SA-MANN *als ob ihm der ganze Spaß verdorben sei, streckt die Hand hin:* Wisch mal ab!

Sie wischt ihm mit einem Tuch die Hand ab.

DIE KÖCHIN Mit solchen Mitteln muß man eben arbeiten, wenn sie alles zersetzen wollen, was unser Führer aufgebaut hat, weswegen uns alle Völker beneiden.

DER CHAUFFEUR Wie beliebt? Sehr richtig. *Zieht die Uhr vor.* Da wasch ich mal noch meinen Wagen. Heil Hitler! *Ab.*

DER SA-MANN Was ist denn das für einer?

DAS DIENSTMÄDCHEN Ein ruhiger Mensch. Ganz unpolitisch.

DER ARBEITER *steht auf:* Ja, Minna, dann wandere ich auch. – Und nichts für ungut wegen dem Bier. Ich muß sagen, ich habe mich wieder überzeugt, daß da keiner durchkommt, wenn er was vorhätte gegen das Dritte Reich, das ist eine

Beruhigung. Was ich selber bin, ich komme ja nie in Berührung mit solchen zersetzenden Elementen, denen würde ich ja sonst zu gerne entgegentreten. Ich habe nur nicht die Schlagfertigkeit, die Ihnen zu Gebote steht. *Klar und deutlich:* Also Minna, schönen Dank und Heil Hitler!

DIE ANDEREN Heil Hitler!

DER SA-MANN Wenn ich Ihnen einen guten Rat geben darf, dann seien Sie lieber nicht zu unschuldig. Das fällt auf. Bei mir können Sie ja einen kleinen Ballon steigen lassen, ich versteh auch mal 'nen Spaß. Na, Heil Hitler!
Der Arbeiter geht.

DER SA-MANN Bißchen plötzlich sind sie aufgebrochen, die Brüder. Das ist ihnen, scheint's, in die Knochen gefahren! Das von Reinickendorf hätt ich nicht sagen sollen. Die passen ja auf wie die Schießhunde.

DAS DIENSTMÄDCHEN Ich müßte dich noch was fragen, Theo.

DER SA-MANN Immer losgeschossen!

DIE KÖCHIN Ich gehe mal noch die Wäsche rauslegen. Ich war ja auch mal jung. *Ab.*

DER SA-MANN Was ist es?

DAS DIENSTMÄDCHEN Aber ich sage es nur, wenn ich weiß, daß du es mir nicht gleich wieder übelnimmst, sonst sage ich nichts.

DER SA-MANN Also raus damit!

DAS DIENSTMÄDCHEN Es ist nur, weil . . . es ist mir ja unangenehm . . . ich brauch von dem Geld zwanzig Mark.

DER SA-MANN Zwanzig Mark?

DAS DIENSTMÄDCHEN Siehst du, du nimmst es übel.

DER SA-MANN Zwanzig Mark vom Sparkassenbuch runter, das hör ich nicht gerne. Wofür willst du denn die zwanzig Mark?

DAS DIENSTMÄDCHEN Das möchte ich nicht gerne sagen.

DER SA-MANN So. Das willst du nicht sagen. Das finde ich komisch.

DAS DIENSTMÄDCHEN Ich weiß, daß du da nicht mit mir übereinstimmst, und da sage ich lieber meinen Grund erst gar nicht, Theo.

DER SA-MANN Wenn du zu mir kein Vertrauen hast . . .

DAS DIENSTMÄDCHEN Doch hab ich Vertrauen.

DER SA-MANN Du meinst also, daß wir unser gemeinsames Sparkassenbuch fallenlassen sollen?

DAS DIENSTMÄDCHEN Wie kannst du so was denken! Ich habe doch, wenn ich die zwanzig Mark runternehme, dann immer noch siebenundneunzig Mark draufstehen.

DER SA-MANN Das brauchst du mir nicht so genau vorzurechnen. Ich weiß auch, was drauf ist. Ich kann mir nur vorstellen, daß du vorhast, mit mir zu brechen, weil du vielleicht mit 'nem andern liebäugelst. Vielleicht willst du den dann noch die Bücher nachprüfen lassen.

DAS DIENSTMÄDCHEN Ich liebäugele mit gar keinem.

DER SA-MANN Dann sag, wozu.

DAS DIENSTMÄDCHEN Du willst es mir ja doch nicht geben.

DER SA-MANN Woher soll ich wissen, daß es nicht überhaupt zu was Unrechtem ist? Ich fühle mich verantwortlich.

DAS DIENSTMÄDCHEN Es ist nichts Unrechtes, aber wenn ich's nicht brauchen würde, würde ich es nicht verlangen, das weißt du.

DER SA-MANN Ich weiß gar nichts. Ich weiß nur, mir kommt das Ganze bißchen reichlich dunkel vor. Wozu solltest du denn plötzlich zwanzig Emm brauchen? Das ist ja 'ne Summe. Bist du schwanger?

DAS DIENSTMÄDCHEN Nein.

DER SA-MANN Weißt du das sicher?

DAS DIENSTMÄDCHEN Ja.

DER SA-MANN Wenn ich so was zu hören bekäme, daß du da was Ungesetzliches im Sinne hättest, wenn ich davon Wind kriegen täte, dann hat's geschnappt, das kann ich dir sagen. Davon hast du vielleicht läuten gehört, daß alles, was gegen die keimende Frucht geht, das schwerste Verbrechen ist, was du begehen kannst. Wenn sich das deutsche Volk nicht mehr vermehrt, dann ist es Schluß mit seiner historischen Mission.

DAS DIENSTMÄDCHEN Aber, Theo, ich weiß gar nicht, wovon

du sprichst. Es ist doch gar nicht so was, das würde ich dir ja sagen, das ginge doch auch dich an. Aber, wenn du so was glaubst, dann sage ich es dir eben. Es ist nur, weil ich der Frieda zu einem Wintermantel zulegen will.

DER SA-MANN Und wieso kann sich deine Schwester nicht allein ihren Mantel kaufen?

DAS DIENSTMÄDCHEN Das kann sie doch nicht von ihrer Invalidenrente, das sind sechsundzwanzig Mark achtzig im Monat.

DER SA-MANN Und die Winterhilfe? Aber das ist es ja eben, ihr habt kein Vertrauen in den nationalsozialistischen Staat. Das kann ich ja schon allein aus den Gesprächen sehen, die in dieser Küche hier geführt werden. Meinst du, ich habe nicht bemerkt, daß du vorhin auf mein Experiment sauer reagiert hast?

DAS DIENSTMÄDCHEN Wieso hab ich sauer reagiert?

DER SA-MANN Ja, das hast du! Genau wie die Brüder, die plötzlich aufgebrochen sind!

DAS DIENSTMÄDCHEN Wenn du meine ehrliche Meinung wissen willst, dann gefällt mir so was auch nicht.

DER SA-MANN Und was gefällt dir nicht, wenn ich fragen darf?

DAS DIENSTMÄDCHEN Daß du die armen Schlucker noch reinlegst mit Verstellung und Tricks und so was. Mein Vater ist auch arbeitslos.

DER SA-MANN So, das wollte ich bloß hören. Ich habe mir ja sowieso meine Gedanken gemacht bei meinem Gespräch mit diesem Lincke.

DAS DIENSTMÄDCHEN Willst du damit sagen, daß du ihm einen Strick daraus drehen wirst, was er dir zu Gefallen gemacht hat, und wir alle haben ihn animiert dazu?

DER SA-MANN Ich sage gar nichts, das habe ich schon mal gesagt. Und wenn du was dagegen hast, was ich in Erfüllung meiner Pflicht tue, so muß ich dir sagen, daß du in »Mein Kampf« lesen kannst, daß sich der Führer selber nicht zu gut dafür war, daß er die Gesinnung des Volkes prüfte, und das war sogar 'ne ganze Zeitlang sein Beruf, war das, als er bei der Reichswehr angestellt war, und das war für Deutschland und hat die größten Folgen gezeigt.

DAS DIENSTMÄDCHEN Wenn du mir so kommst, Theo, dann will ich wissen, ob ich die zwanzig Mark haben kann, und nichts sonst.

DER SA-MANN Da kann ich dir nur sagen, daß ich nicht grade in der Stimmung bin, wo ich mir was rausreißen lasse.

DAS DIENSTMÄDCHEN Was heißt rausreißen? Ist es mein Geld oder ist es deines?

DER SA-MANN Du hast ja plötzlich eine komische Art, wie du von unserm gemeinsamen Geld sprichst! Vielleicht haben wir deswegen die Juden aus dem nationalen Leben entfernt, damit wir jetzt durch unsere eigenen Volksgenossen ausgesogen werden sollen?

DAS DIENSTMÄDCHEN Aber das kannst du doch nicht sagen wegen der zwanzig Mark?

DER SA-MANN Ich hab genug Ausgaben. Allein die Stiefel haben mir siebenundzwanzig Mark gekostet.

DAS DIENSTMÄDCHEN Aber die habt ihr doch geliefert gekriegt?

DER SA-MANN Ja, das haben wir gedacht. Darum habe ich mir auch die bessere Sorte, die mit den Gamaschen, genommen. Und dann haben sie kassiert, und wir haben dringesessen.

DAS DIENSTMÄDCHEN Siebenundzwanzig Mark nur für Stiefel? Und was sind das noch für andere Ausgaben?

DER SA-MANN Was für andere Ausgaben?

DAS DIENSTMÄDCHEN Du hast doch gesagt, du hattest mehrere Ausgaben.

DER SA-MANN Kann ich mich nicht entsinnen. Und überhaupt laß ich mich nicht verhören. Du kannst dich beruhigen, ich werde dich schon nicht betrügen. Und die zwanzig Mark werde ich mir noch überlegen.

DAS DIENSTMÄDCHEN *weinend:* Theo, das ist doch nicht möglich, daß du mir sagen würdest, es wäre alles in Ordnung mit dem Geld, und ist nicht. Ich weiß ja gar nicht mehr, was ich denken soll. Wir müssen doch noch zwanzig Mark auf der Sparkasse haben von all dem Geld!

DER SA-MANN *ihr auf die Schulter klopfend:* Aber wer spricht denn davon, daß wir nichts mehr auf der Sparkasse·haben! Das ist ja gar nicht möglich. Auf mich kannst du dich doch verlassen. Was du mir anvertraust, das ist wie im Geldschrank verschlossen. Na, vertraust du deinem Theo wieder? *Sie weint, ohne zu antworten.*

DER SA-MANN Das ist nur eine Nervenkrise, weil du überarbeitet bist. Na, dann gehe ich mal zu meiner Nachtübung. Also Freitag hole ich dich ab. Heil Hitler! *Ab.*
Das Dienstmädchen bemüht sich, ihre Tränen zu stillen, und geht verzweifelt in der Küche auf und ab. Die Köchin kommt mit einem Korb Wäsche zurück.

DIE KÖCHIN Was haben Sie denn? Haben Sie Streit gehabt? Der Theo ist doch ein so patenter Mensch. Solche sollte man mehr haben. Das kann doch nichts Ernstliches sein?

DAS DIENSTMÄDCHEN *immer noch weinend:* Minna, können Sie nicht zu Ihrem Bruder fahren und ihn verständigen, daß er sich in acht nimmt?

DIE KÖCHIN Wovor denn?

DAS DIENSTMÄDCHEN Na, ich meine ja bloß.

DIE KÖCHIN Wegen heute abend? Das können Sie doch nicht meinen? So was macht doch der Theo nicht?

DAS DIENSTMÄDCHEN Ich weiß nicht mehr, was ich denken soll, Minna. Er ist so verändert. Den haben sie ganz ruiniert. Der ist in keiner guten Gesellschaft. Vier Jahre sind wir zusammen gegangen, und jetzt ist es mir gerade, als ob . . . ich möchte Sie geradezu bitten, mir auf der Schulter nachzusehen, ob da nicht auch ein Kreuz drauf ist!

4

MOORSOLDATEN

> Die SA kommt von allen Seiten.
> Sie fahren fort zu streiten
> Was Bebel und Lenin gemeint.
> Bis mit Marx- und Kautskybänden
> In den zerschundenen Händen
> Der Nazibunker sie-eint.

Konzentrationslager Esterwegen, 1934. Einige Häftlinge mischen Zement.

BRÜHL *leise zu Dievenbach:* Halt dich von dem Lohmann weg, der hält nicht dicht.

DIEVENBACH *laut:* Du, Lohmann, der Brühl sagt, ich soll mich von dir weghalten, du hältst nicht dicht.

BRÜHL Schwein.

LOHMANN Das sagst du, du Judas! Warum ist der Karl in den Bunker gekommen?

BRÜHL Wegen mir etwa? Hab ich Zigaretten gekriegt, niemand weiß, woher?

LOHMANN Wann hab ich Zigaretten gekriegt?

DER BIBELFORSCHER Obacht!

Die SS-Wache geht auf dem Damm oben vorüber.

SS-MANN Hier ist geredet worden. Wer hat geredet? *Niemand antwortet.* Wenn es noch einmal vorkommt, gibt es für alle Bunker, verstanden? Singen! *Die Häftlinge singen die erste Strophe des Moorsoldatenliedes. Der SS-Mann geht weiter.*

»Wohin auch das Auge blicket
Moor und Heide nur ringsum.
Vogelsang uns nicht erquicket
Eichen stehen kahl und stumm.

Wir sind die Moorsoldaten
Und ziehen mit dem Spaten
Ins Moor.«

DER BIBELFORSCHER Warum streitet ihr euch eigentlich immer
noch?

DIEVENBACH Kümmere dich nicht darum, Bibelforscher, du
verstehst es doch nicht. *Auf Brühl:* Dem seine Partei hat
gestern im Reichstag für Hitlers Außenpolitik gestimmt.
Und er – *auf Lohmann* – meint, die Außenpolitik Hitlers
bedeutet Krieg.

BRÜHL Aber nicht, wenn wir dabei sind.

LOHMANN Mit euch dabei hat's schon mal 'nen Krieg gegeben.

BRÜHL Deutschland ist überhaupt zu schwach militärisch.

LOHMANN Na, einen Panzerkreuzer habt ihr dem Hitler doch
schon in die Ehe gebracht.

DER BIBELFORSCHER *zu Dievenbach:* Was warst du? Sozial-
demokrat oder Kommunist?

DIEVENBACH Ich hab mich außerhalb gehalten.

LOHMANN Aber jetzt bist du ganz schön innerhalb, innerhalb
vom KZ nämlich.

DER BIBELFORSCHER Obacht!

*Der SS-Mann erscheint wieder. Er beobachtet sie. Langsam
beginnt Brühl die dritte Strophe des Moorsoldatenliedes zu
singen. Der SS-Mann geht weiter.*

»Auf und nieder gehn die Posten
Keiner, keiner kann hindurch.
Flucht wird nur das Leben kosten
Vierfach ist umzäunt die Burg.

   Wir sind die Moorsoldaten
   Und ziehen mit dem Spaten
   Ins Moor.«

LOHMANN *schmeißt die Schaufel weg:* Wenn ich dran denke, daß ich hier sein muß, weil ihr die Einheitsfront unmöglich gemacht habt, könnt ich dir jetzt noch den Schädel einschlagen.

BRÜHL Aha! »Will ich nicht dein Bruder sein, dann schlägst du mir den Schädel ein«, wie? Einheitsfront! Nachtigall, ick hör dir trapsen: das hätt euch gepaßt, uns die Mitglieder wegfischen!

LOHMANN Ja, die laßt ihr euch lieber vom Hitler wegfischen! Ihr Volksverräter!

BRÜHL *nimmt rasend seine Schaufel auf und erhebt sie gegen Lohmann, der ebenfalls seine Schaufel bereithält:* Ich werd's dir zeigen.

DER BIBELFORSCHER Obacht!
Er beginnt hastig die letzte Strophe des Moorsoldatenliedes zu singen.
Der SS-Mann erscheint wieder, und die andern singen mit, weiter ihren Zement mischend.

»Doch für uns gibt es kein Klagen
Ewig kann's nicht Winter sein
Einmal werden froh wir sagen:
Heimat, du bist wieder mein!
    Dann ziehn wir Moorsoldaten
    Nicht mehr mit dem Spaten
    Ins Moor!«

SS-MANN Wer hat hier »Volksverräter« geschrien?
Niemand antwortet.
SS-MANN Ihr lernt nichts zu. *Zu Lohmann:* Wer?
Lohmann starrt auf Brühl und schweigt.
SS-MANN *zu Dievenbach:* Wer?
Dievenbach schweigt.
SS-MANN *zum Bibelforscher:* Wer?
Der Bibelforscher schweigt.

SS-MANN *zu Brühl:* Wer?

Brühl schweigt.

SS-MANN Jetzt gebe ich euch noch fünf Sekunden, dann stecke ich euch alle in den Bunker, bis ihr schwarz werdet.

Er wartet fünf Sekunden. Alle stehen stumm, vor sich hinblickend.

SS-MANN Dann ist's der Bunker.

5

DIENST AM VOLKE

> Es kommen die Lagerwächter
> Die Spitzel und die Schlächter
> Und dienen dem Volke mit Fleiß.
> Sie pressen und sie quälen
> Sie peitschen und sie pfählen
> Zu einem niedern Preis.

Konzentrationslager Oranienburg, 1934. Kleiner Hof zwischen Barackenwänden. Bevor es hell wird, hört man eine Auspeitschung. Dann sieht man einen SS-Mann einen Schutzhäftling auspeitschen. Ein SS-Gruppenführer steht rauchend hinten, der Auspeitschung den Rücken zuwendend. Dann geht er weg.

DER SS-MANN *müde, setzt sich auf ein Faß:* Weiterarbeiten.
  Der Häftling erhebt sich vom Boden und beginnt, mit fahrigen Bewegungen die Kloake zu reinigen.
DER SS-MANN Warum kannst du Sau nicht nein sagen, wenn du gefragt wirst, ob du ein Kommunist bist? Du wirst vertrimmt, und ich komme um meinen Ausgang, hundemüde wie ich bin. Warum kommandieren sie dazu nicht den Klapproth? Der macht sich einen Spaß daraus. Wenn der Hurenbock wieder herauskommt – *er horcht* –, nimmst du die Peitsche und haust auf den Boden, verstanden?
DER HÄFTLING Jawohl, Herr Scharführer.
DER SS-MANN Und das ist nur, weil ich mich abgehauen habe an euch Hunden, verstanden?
DER HÄFTLING Jawohl, Herr Scharführer.
DER SS-MANN Aufgepaßt!
  Draußen werden Schritte hörbar, und der SS-Mann zeigt auf die Peitsche. Der Häftling hebt sie auf und schlägt auf den Boden. Da das Geräusch nicht echt klingt, zeigt der

SS-Mann faul auf einen Korb daneben, und der Häftling schlägt auf den Korb ein. Die Schritte draußen stoppen. Der SS-Mann steht schnell und nervös auf, entreißt dem Häftling die Peitsche und schlägt auf ihn ein.

DER HÄFTLING *leise:* Nicht auf den Bauch.

Der SS-Mann schlägt ihn auf den Hintern. Der SS-Gruppenführer schaut herein.

DER SS-GRUPPENFÜHRER Schlag ihn auf den Bauch.

Der SS-Mann schlägt dem Häftling auf den Bauch.

6

RECHTSFINDUNG

> Dann kommen die Herren Richter
> Denen sagte das Gelichter:
> Recht ist, was dem deutschen Volke nützt.
> Sie sagten: Wie sollen wir das wissen?
> So werden sie wohl Recht sprechen müssen
> Bis das ganze deutsche Volk sitzt.

Augsburg, 1934. Beratungszimmer in einem Gerichtsgebäude. Durch das Fenster sieht man den milchigen Januarmorgen. Eine kugelige Gaslampe brennt noch. Der Amtsrichter zieht sich eben den Talar an. Es klopft.

DER AMTSRICHTER Herein.

Herein der Kriminalinspektor.

DER INSPEKTOR Guten Morgen, Herr Amtsrichter.

DER AMTSRICHTER Guten Morgen, Herr Tallinger. Ich habe Sie hergebeten wegen des Falls Häberle, Schünt, Gaunitzer. Die Sache ist mir, offen gestanden, nicht ganz klar.

DER INSPEKTOR ?

DER AMTSRICHTER Ich entnehme aus den Akten, daß das Geschäft, in dem der Auftritt stattfand, der Juwelierladen Arndt, ein jüdisches Geschäft ist?

DER INSPEKTOR ?

DER AMTSRICHTER Und die Häberle, Schünt, Gaunitzer sind wohl immer noch Mitglieder des Sturms sieben?

Der Inspektor nickt.

DER AMTSRICHTER Demnach hat also der Sturm keine Veranlassung gesehen, die drei von sich aus zu disziplinieren?

Der Inspektor schüttelt den Kopf.

DER AMTSRICHTER Man kann doch wohl annehmen, daß von seiten des Sturmes nach dem Aufsehen, das der Auftritt im Stadtviertel erregt hat, eine Untersuchung angestellt wurde?

Der Inspektor zuckt die Achseln.

DER AMTSRICHTER Ich wäre Ihnen dankbar, Tallinger, wenn Sie mir vor der Verhandlung einen kleinen Überblick gäben, wie?

DER INSPEKTOR *mechanisch:* Am zweiten Dezember des Vorjahres früh acht ein Viertel drangen in das Juweliergeschäft Arndt in der Schlettowstraße die SA-Leute Häberle, Schünt und Gaunitzer ein und verletzten nach kurzem Wortwechsel den vierundfünfzigjährigen Arndt am Hinterkopf. Es entstand dabei auch ein Sachschaden in der Höhe von elftausendzweihundertvierunddreißig Mark. Recherchen der Kriminalpolizei, angestellt am siebenten Dezember des Vorjahres, ergaben . . .

DER AMTSRICHTER Lieber Tallinger, das steht ja alles in den Akten. *Er zeigt ärgerlich auf die Anklageschrift, die aus einer einzigen Seite besteht.* Die Anklageschrift ist die magerste und schlampigst gemachte, die ich je zu Gesicht bekommen habe, und ich bin in den letzten Monaten nicht verwöhnt worden! Aber das steht doch drin. Ich hoffte, Sie wären in der Lage, mir einiges von den Hintergründen der Sache zu erzählen.

DER INSPEKTOR Jawohl, Herr Amtsrichter.

DER AMTSRICHTER Nun?

DER INSPEKTOR Die Sache hat eigentlich gar keine Hintergründe, Herr Amtsrichter.

DER AMTSRICHTER Tallinger, Sie werden doch nicht behaupten wollen, daß der Fall klar liegt?

DER INSPEKTOR *grinsend:* Nein, klar liegt er nicht.

DER AMTSRICHTER Es sollen ja auch Schmuckstücke verschwunden sein bei dem Auftritt. Sind die wieder erfaßt worden?

DER INSPEKTOR Nein, nicht daß ich wüßte.

DER AMTSRICHTER ?

DER INSPEKTOR Herr Amtsrichter, ich habe eine Familie.

DER AMTSRICHTER Das habe ich auch, Tallinger.

DER INSPEKTOR Jawohl.

Pause.

DER INSPEKTOR Der Arndt ist eben Jude, wissen Sie.

DER AMTSRICHTER Wie schon der Name sagt.

DER INSPEKTOR Jawohl. Im Viertel ist eine Zeitlang gemunkelt worden, daß da sogar ein Fall von Rassenschande vorgelegen haben soll.

DER AMTSRICHTER *sieht etwas Licht:* Aha! Wer war da verwickelt?

DER INSPEKTOR Die Tochter des Arndt. Sie ist neunzehn und gilt als hübsch.

DER AMTSRICHTER Ist der Sache behördlicherseits nachgegangen worden?

DER INSPEKTOR *zurückhaltend:* Das nicht. Das Gerücht verstummte dann wieder.

DER AMTSRICHTER Wer hat es denn verbreitet?

DER INSPEKTOR Der Hausbesitzer. Ein Herr von Miehl.

DER AMTSRICHTER Der wollte wohl das jüdische Geschäft aus seinem Haus haben?

DER INSPEKTOR Das dachten wir. Aber er revozierte anscheinend dann wieder.

DER AMTSRICHTER Trotzdem könnte man sich also schließlich erklären, wieso im Viertel eine gewisse Erbitterung gegen den Arndt bestand. So daß die jungen Leute in einer Art nationaler Erregung handelten . . .

DER INSPEKTOR *bestimmt:* Ich glaube nicht, Herr Amtsrichter.

DER AMTSRICHTER Was glauben Sie nicht?

DER INSPEKTOR Daß die Häberle, Schünt, Gaunitzer auf der Rassenschande viel herumreiten werden.

DER AMTSRICHTER Warum nicht?

DER INSPEKTOR Der Name des betreffenden Ariers ist, wie gesagt, niemals aktenmäßig genannt worden. Der Mann kann weiß Gott wer sein. Überall, wo ein Haufen Arier ist, kann er drunter sein, nicht? Na, und wo gibt es solche Haufen von Ariern? Kurz, der Sturm wünscht nicht, daß das aufs Tapet gebracht wird.

DER AMTSRICHTER *ungeduldig:* Und warum sagen Sie mir's dann?

DER INSPEKTOR Weil Sie sagten, daß Sie eine Familie haben. Damit Sie's nicht aufs Tapet bringen. Irgendein Zeuge aus der Nachbarschaft könnte immerhin davon anfangen.

DER AMTSRICHTER Ich verstehe. Aber sonst verstehe ich nicht viel.

DER INSPEKTOR Je weniger, desto besser, unter uns gesagt.

DER AMTSRICHTER Sie haben gut reden. Ich muß ein Urteil fällen.

DER INSPEKTOR *vage:* Jaja.

DER AMTSRICHTER Da bleibt also nur direkte Provokation durch den Arndt, sonst ist der Vorgang ja gar nicht zu erklären.

DER INSPEKTOR Ganz meine Meinung, Herr Amtsrichter.

DER AMTSRICHTER Wie sind die SA-Leute denn provoziert worden?

DER INSPEKTOR Nach ihrer Aussage sowohl von dem Arndt selber als auch von einem Arbeitslosen, den er zum Schneeschaufeln angestellt hatte. Sie wollten angeblich ein Glas Bier trinken gehen, und wie sie am Laden vorbeikamen, habe der Arbeitslose Wagner und der Arndt selber ihnen von der Ladentür aus gemeine Schimpfwörter nachgerufen.

DER AMTSRICHTER Zeugen haben sie wohl keine, wie?

DER INSPEKTOR Doch. Der Hausbesitzer, dieser von Miehl, sagte aus, daß er vom Fenster aus den Wagner die SA-Leute provozieren sah. Und der Teilhaber des Arndt, ein gewisser Stau, ist am selben Nachmittag noch im Sturmlokal gewesen und hat gegenüber den Häberle, Schünt, Gaunitzer zugegeben, daß der Arndt schon immer, auch ihm gegenüber, von der SA verächtlich gesprochen hat.

DER AMTSRICHTER Ah, der Arndt hat einen Teilhaber? Arisch?

DER INSPEKTOR Na klar, arisch. Denken Sie, er hat sich 'nen Juden als Strohmann genommen?

DER AMTSRICHTER Aber dann wird sein Teilhaber doch nicht gegen ihn aussagen?

DER INSPEKTOR *schlau:* Vielleicht doch.

DER AMTSRICHTER *irritiert:* Wieso? Das Geschäft kann doch keine Schadenersatzforderung einbringen, wenn nachgewiesen wird, daß der Arndt die Häberle, Schünt, Gaunitzer zu ihrem Überfall provoziert hat?

DER INSPEKTOR Woher wissen Sie denn, daß dem Stau etwas an einer Schadenersatzforderung gelegen ist?

DER AMTSRICHTER Das verstehe ich nicht. Er ist doch Teilhaber.

DER INSPEKTOR Na eben.

DER AMTSRICHTER ?

DER INSPEKTOR Wir haben festgestellt – ich meine unterderhand natürlich, das ist nicht offiziell –, daß der Stau im Sturmlokal aus und ein geht. Er war selber bei der SA oder ist es noch. Darum hat ihn wahrscheinlich der Arndt als Teilhaber aufgenommen. Der Stau war auch schon mal in so eine Sache verwickelt, wo die SA jemandem einen Besuch abgestattet hat. Sie kam damals an den falschen Mann, und es hat einige Arbeit gekostet, die Sache in die Schublade zu bringen. Ich will natürlich nicht behaupten, daß der Stau selber im vorliegenden Fall . . . Jedenfalls ist er keine ganz ungefährliche Type. Bitte, dies ganz vertraulich zu betrachten, weil Sie vorhin von Ihrer Familie gesprochen haben.

DER AMTSRICHTER *kopfschüttelnd:* Ich sehe nur nicht, was der Herr Stau für ein Interesse haben kann, daß das Geschäft um über elftausend Mark geschädigt wird?

DER INSPEKTOR Ja, die Schmuckstücke sind ja verschwunden. Ich meine, die Häberle, Schünt, Gaunitzer haben sie jedenfalls nicht. Sie haben sie auch nicht veräußert.

DER AMTSRICHTER So.

DER INSPEKTOR Dem Stau kann natürlich nicht zugemutet werden, den Arndt als Teilhaber zu behalten, wenn dem ein so provozierendes Verhalten nachgewiesen werden kann.

Und den Verlust, den er verursacht hat, muß er dem Stau natürlich ersetzen, klar?

DER AMTSRICHTER Ja, das ist allerdings sehr klar. *Er betrachtet einen Augenblick sinnend den Inspektor, der wieder rein dienstlich ausdruckslos dreinblickt.* Ja, da wird es wohl darauf hinauslaufen, daß der Arndt die SA-Leute provoziert hat. Der Mann hat sich ja anscheinend überall mißliebig gemacht. Sagten Sie nicht, daß er auch schon dem Hausbesitzer durch die skandalösen Zustände in seiner Familie Anlaß zu Klagen gegeben hat? Jaja, ich weiß, die Sache soll nicht aufs Tapet gebracht werden, aber man kann jedenfalls annehmen, daß es auch von dieser Seite begrüßt werden wird, wenn da in nächster Zeit ein Auszug stattfindet. Ich danke Ihnen, Tallinger, Sie haben mir wirklich einen Dienst erwiesen.

Der Amtsrichter gibt dem Inspektor eine Zigarre. Der Inspektor geht hinaus. Er begegnet unter der Tür dem Staatsanwalt, der eben hereinkommt.

DER STAATSANWALT *zum Amtsrichter:* Kann ich Sie einen Augenblick sprechen?

DER AMTSRICHTER *der sich einen Frühstücksapfel schält:* Das können Sie.

DER STAATSANWALT Es handelt sich um den Fall Häberle, Schünt, Gaunitzer.

DER AMTSRICHTER *beschäftigt:* Ja?

DER STAATSANWALT Der Fall liegt ja soweit ziemlich klar . . .

DER AMTSRICHTER Ja. Ich verstehe überhaupt nicht, warum die Staatsanwaltschaft da ein Verfahren eingeleitet hat, offen gestanden.

DER STAATSANWALT Wieso? Der Fall hat im Viertel unliebsames Aufsehen erregt. Sogar Pgs haben eine Untersuchung für angezeigt gehalten.

DER AMTSRICHTER Ich sehe da nur einen klaren Fall jüdischer Provokation, sonst gar nichts.

DER STAATSANWALT Ach, Unsinn, Goll! Glauben Sie nur ja nicht, daß unsere Anklageschriften, weil sie jetzt ein biß-

chen lakonisch aussehen, keine tiefere Beachtung mehr ver-
dienen. Ich habe es mir ja gedacht, daß Sie schlichten Ge-
müts gleich auf das Nächstliegende tippen werden. Aber
machen Sie da keinen Schnitzer. Sie sind schneller im hin-
tersten Pommern, als Sie denken. Und da ist es heute nicht
sehr gemütlich.

DER AMTSRICHTER *perplex, hört mit dem Apfelessen auf:* Das
ist mir ganz unverständlich. Sie werden doch nicht behaupten wollen, daß Sie beabsichtigen, den Juden Arndt zu ex-
kulpieren?

DER STAATSANWALT *mit Größe:* Und ob ich das beabsichtige!
Der Mann dachte nicht daran, zu provozieren. Sie meinen,
weil er Jude ist, kann er nicht vor einem Gerichtshof des
Dritten Reiches sein Recht bekommen? Hören Sie, das sind
reichlich eigentümliche Anschauungen, die Sie da entwickeln,
Goll.

DER AMTSRICHTER *ärgerlich:* Ich habe doch keine Anschauungen entwickelt. Ich hatte lediglich die Auffassung, daß
die Häberle, Schünt, Gaunitzer provoziert worden sind.

DER STAATSANWALT Aber sie sind doch nicht von dem Arndt
provoziert worden, sondern von dem Arbeitslosen da, na,
wie heißt er doch gleich, der da Schnee schaufelte, ja,
Wagner.

DER AMTSRICHTER Davon steht nicht ein Wort in Ihrer Anklageschrift, mein lieber Spitz.

DER STAATSANWALT Allerdings nicht. Der Staatsanwaltschaft
ist lediglich zu Ohren gekommen, daß die SA-Leute den
Arndt überfallen haben. Und da schreitet sie eben pflicht-
gemäß ein. Aber wenn der Zeuge von Miehl zum Beispiel
in der Verhandlung aussagen wird, der Arndt sei während
des Auftritts überhaupt nicht auf der Straße gewesen, da-
hingegen habe der Arbeitslose, na, wie heißt er doch gleich,
ja, Wagner, Beschimpfungen der SA verlauten lassen, dann
muß das doch zur Kenntnis genommen werden.

DER AMTSRICHTER *fällt aus den Wolken:* Der von Miehl soll

das aussagen? Aber das ist doch der Hausbesitzer, der den Arndt aus seinem Haus heraushaben will. Der sagt doch nicht für ihn aus.

DER STAATSANWALT Was haben Sie denn jetzt wieder gegen den von Miehl? Warum soll der nicht die Wahrheit aussagen unter Eid? Sie wissen vielleicht nicht, daß von Miehl, außer daß er bei der SS ist, auch über recht gute Beziehungen beim Justizministerium verfügt? Ich würde Ihnen raten, ihn für einen anständigen Mann zu halten, lieber Goll.

DER AMTSRICHTER Tue ich doch. Schließlich kann es heute nicht als unanständig betrachtet werden, wenn jemand in seinem Haus kein jüdisches Geschäft haben will.

DER STAATSANWALT *großzügig:* Solang der Mann die Miete bezahlt...

DER AMTSRICHTER *diplomatisch:* Er soll ihn doch auch schon einmal wegen was anderem angezeigt haben...

DER STAATSANWALT Also, das wissen Sie doch. Aber wer sagt Ihnen denn, daß er ihn damit heraushaben wollte? Um so mehr, als die Klage zurückgezogen wurde? Das ließe eher auf ein besonders gutes Einvernehmen schließen, wie? Lieber Goll, seien Sie doch nicht naiv.

DER AMTSRICHTER *wird jetzt wirklich ärgerlich:* Mein lieber Spitz, das ist nicht so einfach. Der eigene Teilhaber, von dem ich dachte, er will ihn decken, will ihn anzeigen, und der Hausherr, der ihn angezeigt hat, will ihn decken. Da soll man sich auskennen.

DER STAATSANWALT Wofür beziehen wir unser Gehalt?

DER AMTSRICHTER Scheußlich verwickelte Angelegenheit. Nehmen Sie eine Brasil?

Der Staatsanwalt nimmt eine Brasil, sie rauchen schweigend. Dann erwägt der Amtsrichter düster.

DER AMTSRICHTER Aber wenn vor Gericht festgestellt wird, daß der Arndt nicht provoziert hat, dann kann er glatt eine Schadenersatzforderung gegen die SA einbringen.

DER STAATSANWALT Erstens kann er sie nicht gegen die SA

einbringen, sondern höchstens gegen die Häberle, Schünt, Gaunitzer, die nichts haben, wenn er nicht überhaupt sich an den Arbeitslosen, na, wie heißt er doch . . . richtig, Wagner, halten muß. *Mit Nachdruck:* Zweitens wird er sich eine Klage gegen SA-Leute vielleicht noch überlegen.

DER AMTSRICHTER Wo ist er denn gegenwärtig?

DER STAATSANWALT In der Klinik.

DER AMTSRICHTER Und der Wagner?

DER STAATSANWALT Im Konzentrationslager.

DER AMTSRICHTER *wieder etwas beruhigt:* Na ja, angesichts der Umstände wird der Arndt da tatsächlich wohl kaum gegen die SA klagen wollen. Und der Wagner wird auch nicht zu sehr auf seiner Unschuld herumreiten wollen. Aber der Sturm wird kaum zufrieden sein, wenn der Jude frei ausgeht.

DER STAATSANWALT Der SA wird doch vor Gericht bestätigt, daß sie provoziert worden ist. Ob von dem Juden oder von dem Marxisten, das kann ihr doch gleichgültig sein.

DER AMTSRICHTER *immer noch zweifelnd:* Nicht ganz. Bei der Auseinandersetzung zwischen dem Arbeitslosen Wagner und der SA ist immerhin der Juwelierladen beschädigt worden. Etwas bleibt doch da an dem Sturm haften.

DER STAATSANWALT Ja, alles kann man nicht haben. Jedem können Sie es nicht recht machen. Und wem Sie es recht machen wollen, das muß Ihnen schon Ihr nationales Gefühl sagen, lieber Goll. Ich kann Ihnen nur betonen, daß man in nationalen Kreisen – und ich spreche da auch von einer sehr hohen Stelle der SS – nachgerade etwas mehr Rückgrat vom deutschen Richterstand erwartet.

DER AMTSRICHTER *tief seufzend:* Die Rechtsfindung ist jedenfalls heute nicht mehr so einfach, mein lieber Spitz. Das müssen Sie zugeben.

DER STAATSANWALT Gern. Aber Sie haben ja da einen ausgezeichneten Satz von unserem Justizkommissar, an den Sie sich halten können: Recht ist, was dem deutschen Volke nützt.

DER AMTSRICHTER *lustlos:* Jaja.

DER STAATSANWALT Nur keine Bange. *Er steht auf.* Sie kennen jetzt die Hintergründe. Da sollte es nicht schwer sein. Auf nachher, lieber Goll.

Er geht. Der Amtsrichter ist sehr unzufrieden. Er steht eine Zeitlang am Fenster. Dann blättert er zerstreut in den Akten. Am Schluß läutet er. Ein Gerichtsdiener tritt ein.

DER AMTSRICHTER Holen Sie mir noch einmal den Kriminalinspektor Tallinger aus dem Zeugenzimmer. Machen Sie es unauffällig.

Der Gerichtsdiener ab. Dann tritt der Inspektor noch einmal ein.

DER AMTSRICHTER Tallinger, Sie hätten mir da beinahe eine schöne Suppe eingebrockt mit Ihrem Rat, den Fall als eine Provokation von seiten des Arndt anzusehen. Herr von Miehl soll ja bereit sein, unter Eid zu bezeugen, daß der Arbeitslose Wagner provoziert hat, und nicht der Arndt.

DER INSPEKTOR *undurchdringlich:* Ja, das heißt es, Herr Amtsrichter.

DER AMTSRICHTER Was soll das jetzt wieder bedeuten? »Das heißt es«!

DER INSPEKTOR Daß der Wagner die Beschimpfungen nachgerufen hat.

DER AMTSRICHTER Und das stimmt nicht?

DER INSPEKTOR *eingeschnappt:* Herr Amtsrichter, ob das stimmt oder ob das nicht stimmt, das können wir doch nicht ...

DER AMTSRICHTER *mit Charakter:* Jetzt hören Sie aber mal, Mann. Sie stehen in einem deutschen Gerichtsgebäude. Hat der Wagner gestanden oder hat er nicht gestanden?

DER INSPEKTOR Herr Amtsrichter, ich war nicht persönlich im Konzentrationslager, wenn Sie das wissen wollen. In dem Akt der kommissarischen Untersuchung – der Wagner selber soll an den Nieren erkrankt sein – heißt es, er hat gestanden. Nur ...

DER AMTSRICHTER Na also, er hat gestanden! Was heißt »nur«?

DER INSPEKTOR Er war Kriegsteilnehmer und hat nämlich einen Steckschuß im Hals und soll, wie der Stau, Sie wissen, der Teilhaber des Arndt, ausgesagt hat, keinen lauten Ton herausbringen können. Wie da der von Miehl vom ersten Stock aus ihn hat Beschimpfungen rufen hören können, ist nicht ganz ...

DER AMTSRICHTER Na ja, da wird eben gesagt werden, daß man, um jemandem wie der Götz von Berlichingen zu kommen, keine Stimme braucht. Das können Sie auch mit einer einfachen Geste andeuten. Ich habe durchaus den Eindruck gewonnen, daß die Staatsanwaltschaft der SA einen solchen Rückzug offenhalten will. Genauer gesagt: einen solchen Rückzug und keinen andern.

DER INSPEKTOR Jawohl, Herr Amtsrichter.

DER AMTSRICHTER Was sagt denn der Arndt aus?

DER INSPEKTOR Daß er überhaupt nicht dabei war und sich eine Kopfverletzung durch einen Sturz von der Treppe zugezogen hat. Mehr ist aus dem nicht herauszubringen.

DER AMTSRICHTER Wahrscheinlich ist der Mann ganz unschuldig und hineingekommen wie der Pontius ins Credo.

DER INSPEKTOR *gibt es auf:* Jawohl, Herr Amtsrichter.

DER AMTSRICHTER Und der SA kann es doch genügen, wenn ihre Leute freigesprochen werden.

DER INSPEKTOR Jawohl, Herr Amtsrichter.

DER AMTSRICHTER Sagen Sie doch nicht immer »jawohl« wie ein Nußknacker.

DER INSPEKTOR Jawohl, Herr Amtsrichter.

DER AMTSRICHTER Was wollen Sie eigentlich sagen? Seien Sie doch nicht übelnehmerisch, Tallinger. Sie müssen doch verstehen, daß ich etwas nervös bin. Ich weiß doch, daß Sie ein ehrlicher Mann sind. Und wenn Sie mir einen Rat gegeben haben, so müssen Sie sich doch dabei etwas gedacht haben?

DER INSPEKTOR *gibt sich, gutmütig wie er ist, einen Ruck:*
Haben Sie sich überlegt, ob der Herr Zweite Staatsanwalt
nicht nur einfach Ihre Stellung haben will und Sie zu diesem
Zweck hereinlegt? Das hört man jetzt viel. – Nehmen wir
doch mal an, Herr Amtsrichter, Sie bescheinigen dem Juden
seine Unschuld. Er hat nicht die Bohne provoziert. War gar
nicht zur Stelle. Bekam sein Loch im Hinterkopf rein zu-
fällig, bei einer Rauferei zwischen anderen Personen. Kehrt
also nach einiger Zeit ins Geschäft zurück. Der Stau kann
ihn da gar nicht hindern. Und das Geschäft ist um elftausend
Mark geschädigt. Das ist jetzt aber eine Schädigung des Stau
mit, denn der kann ja jetzt die elftausend Emm nicht von
dem Arndt verlangen. Also wird der Stau, wie ich die Type
kenne, sich an den Sturm halten wegen seiner Preziosen. Er
geht natürlich nicht selber hin, da er als Kompagnon eines
Juden ein Judenknecht ist. Aber er wird schon Leute an der
Hand haben. Dann heißt es, daß die SA in nationaler Erregung Schmuckstücke klaut. Was dann die vom Sturm von
Ihrem Urteil halten werden, können Sie sich ausmalen. Der
einfache Mann kann es sowieso nicht verstehen. Denn wieso
kann im Dritten Reich ein Jude gegen die SA recht behalten?
*Seit einiger Zeit kommt Lärm von hinten. Er wird jetzt
ziemlich stark.*

DER AMTSRICHTER Was ist das für ein scheußlicher Lärm?
Einen Augenblick, Tallinger. *Er läutet, der Gerichtsdiener
kommt herein.* Was ist denn das für ein Krach, Mann?

DER GERICHTSDIENER Der Saal ist voll. Und jetzt stehen sie so
eingepfercht in den Gängen, daß niemand mehr durchkommt. Und es sind von der SA welche darunter, die
sagen, sie müssen durch, weil sie Befehl haben, der Verhandlung beizuwohnen.
*Der Gerichtsdiener ab, da der Amtsrichter nur erschrocken
blickt.*

DER INSPEKTOR *fährt fort:* Die Leute werden Sie dann so

46

ziemlich auf dem Genick haben, wissen Sie. Ich rate Ihnen gut, halten Sie sich an den Arndt, und lassen Sie die SA in Ruhe.

DER AMTSRICHTER *sitzt gebrochen, den Kopf in der Hand. Müde:* Es ist gut, Tallinger, ich muß mir die Sache überlegen.

DER INSPEKTOR Das sollten Sie wirklich, Herr Amtsrichter.

Er geht hinaus. Der Amtsrichter steht schwer auf und läutet Sturm. Der Gerichtsdiener tritt ein.

DER AMTSRICHTER Gehen Sie mal hinüber zu Herrn Landgerichtsrat Fey und sagen Sie ihm, ich ließe ihn bitten, für einige Minuten zu mir herüberzukommen.

Der Gerichtsdiener geht. Herein das Dienstmädchen des Amtsrichters mit einem Frühstückspaket.

DAS DIENSTMÄDCHEN Sie vergessen noch einmal Ihren Kopf, Herr Amtsrichter. Es ist schrecklich mit Ihnen. Was haben Sie heute wieder vergessen? Jetzt denkens einmal tief nach: die Hauptsache! *Sie streckt ihm das Paketchen hin.* Das Frühstückspaket! Dann müssen Sie wieder diese Brezeln kaufen, wo noch warm sind, und dann haben wir wieder wie vorige Woche das Magendrücken. Weil Sie nie nicht auf sich achtgeben.

DER AMTSRICHTER Ist gut, Marie.

DAS DIENSTMÄDCHEN Kaum, daß ich durchgekommen bin. Das ganze Justizgebäude ist voll von SA, weil der Prozeß ist. Aber heute kriegen sie's, wie, Herr Amtsrichter? Beim Fleischer haben die Leut auch gesagt: gut, daß es noch eine Gerechtigkeit gibt! Einfach einen Geschäftsmann niederschlagen! In dem Sturm sind die Hälfte frühere Kriminelle, das weiß das ganze Stadtviertel. Wenn wir nicht unsere Justiz hätten, täten die ja noch die Domkirchen fortschleppen. Sie haben's wegen die Ringe gemacht, der eine, der Häberle, hat eine Braut, wo auf den Strich gegangen ist bis vor einem halben Jahr. Und den Arbeitslosen Wagner, wo den Steckschuß im Hals hat, haben sie auch überfalln beim

Schneeschaufeln, alle haben's gesehn. Ganz offen machen sie's und terrorisieren das Viertel, und die, wo was sagen, passen sie ab und schlagen sie, daß sie liegenbleiben.

DER AMTSRICHTER Schon gut, Marie. Gehen Sie jetzt nur!

DAS DIENSTMÄDCHEN Ich hab's gesagt beim Fleischer: der Herr Amtsrichter wird ihnen schon heimleuchten, hab ich recht? Die Anständigen haben Sie da ganz auf Ihrer Seite, das ist einmal eine Tatsache, Herr Amtsrichter. Nur essens das Frühstück nicht zu hastig hinein, das könnt Ihnen schaden. Das ist so ungesund, und jetzt geh ich und halt Sie nicht mehr auf, Sie missen in die Verhandlung, und regens Ihnen nicht auf in der Verhandlung, sonst essen Sie besser vorderhand, auf die paar Minuten, wo Sie zum Essen brauchen, kommt's auch nicht mehr an, und Sie essen nicht auf einen aufgeregten Magen. Denn Sie sollten auf sich aufpassen. Ihre Gesundheit ist Ihr hechstes Gut, aber jetzt geh ich, Sie wissen selbst, und ich seh schon, Sie sind ungeduldig, in die Verhandlung zu kommen, und ich muß noch zum Kolonialwarenhändler.

Das Dienstmädchen geht. Herein der Landgerichtsrat Fey, ein älterer Richter, der mit dem Amtsrichter befreundet ist.

DER LANDGERICHTSRAT Was gibt's?

DER AMTSRICHTER Ich wollte mal etwas mit dir durchsprechen, wenn du ein wenig Zeit hast. Ich habe da einen ziemlich scheußlichen Fall heute vormittag.

DER LANDGERICHTSRAT *setzt sich:* Ja, die SA-Sache.

DER AMTSRICHTER *bleibt im Herumgehen stehen:* Woher weißt du denn?

DER LANDGERICHTSRAT Drüben wurde schon gestern nachmittag davon gesprochen. Unangenehmer Fall.

Der Amtsrichter beginnt, wieder nervös auf und ab zu laufen.

DER AMTSRICHTER Was sagen denn die drüben?

DER LANDGERICHTSRAT Du wirst nicht beneidet. *Neugierig:* Was willst du denn machen?

DER AMTSRICHTER Das weiß ich eben nicht. Ich dachte übrigens nicht, daß der Fall schon so bekannt ist.

DER LANDGERICHTSRAT *wundert sich:* Nein?

DER AMTSRICHTER Dieser Teilhaber soll ja ein recht gefährliches Subjekt sein.

DER LANDGERICHTSRAT So heißt es. Aber dieser von Miehl ist auch kein Menschenfreund.

DER AMTSRICHTER Weiß man etwas über ihn?

DER LANDGERICHTSRAT Jedenfalls genug. Er hat eben diese Beziehungen.

Pause.

DER AMTSRICHTER Sehr hohe?

DER LANDGERICHTSRAT Sehr hohe.

Pause.

DER LANDGERICHTSRAT *vorsichtig:* Wenn du den Juden drausläßt und die Häberle, Schünt, Gaunitzer freisprichst, weil sie von dem Arbeitslosen provoziert wurden, der sich ins Geschäft zurückflüchtete, dann kann doch die SA zufrieden sein? Der Arndt wird jedenfalls nicht gegen die SA klagen.

DER AMTSRICHTER *sorgenvoll:* Aber der Teilhaber des Arndt. Er wird zur SA gehen und die Wertsachen reklamieren. Und dann habe ich die ganze SA-Führung auf dem Genick, Fey.

DER LANDGERICHTSRAT *nachdem er dieses Argument, das ihn anscheinend überrascht, bedacht hat:* Aber wenn du den Juden nicht drausläßt, dann bricht dir der von Miehl ganz bestimmt das Genick, mindestens. Du weißt vielleicht nicht, daß er diese Wechselschulden bei seiner Bank hat? Der braucht den Arndt wie der Ertrinkende den Strohhalm.

DER AMTSRICHTER *entsetzt:* Wechselschulden!

Es klopft.

DER LANDGERICHTSRAT Herein!

Herein der Gerichtsdiener.

DER GERICHTSDIENER Herr Amtsrichter, ich weiß wirklich nicht, wie ich für den Herrn Ersten Staatsanwalt und den

Herrn Landgerichtspräsidenten Schönling Sitze reservieren soll. Wenn die Herren es einem nur immer rechtzeitig sagen würden.

DER LANDGERICHTSRAT *da der Amtsrichter schweigt:* Machen Sie zwei Plätze frei, und stören Sie hier nicht.

Der Gerichtsdiener ab.

DER AMTSRICHTER Die haben mir noch gefehlt!

DER LANDGERICHTSRAT Der von Miehl kann unter keinen Umständen den Arndt preisgeben und ruinieren lassen. Er braucht ihn.

DER AMTSRICHTER *vernichtet:* Als Milchkuh.

DER LANDGERICHTSRAT So etwas habe ich nicht geäußert, lieber Goll. Ich verstehe auch nicht, wie du mir so etwas unterschieben kannst, wirklich nicht. Ich möchte feststellen, daß ich gegen Herrn von Miehl kein Wort geäußert habe. Tut mir leid, daß das nötig ist, Goll.

DER AMTSRICHTER *regt sich auf:* Aber so kannst du das doch nicht auffassen, Fey. So, wie wir zueinander stehen.

DER LANDGERICHTSRAT Was willst du damit sagen: »wie wir zueinander stehen«? Ich kann mich doch nicht in deine Fälle mischen. Ob du es mit dem Justizkommissar oder mit der SA anlegen willst, beides mußt du schon allein machen. Heute ist sich schließlich jeder selber der Nächste.

DER AMTSRICHTER Ich bin mir auch selber der Nächste. Ich weiß nur nicht, was ich mir raten soll.

Er steht an der Tür, lauschend auf den Lärm draußen.

DER LANDGERICHTSRAT Schlimm genug.

DER AMTSRICHTER *gehetzt:* Ich bin ja zu allem bereit, Herrgott, versteh mich doch! Du bist ja ganz verändert. Ich entscheide so, und ich entscheide so, wie man das verlangt, aber ich muß doch wissen, was man verlangt. Wenn man das nicht weiß, gibt es keine Justiz mehr.

DER LANDGERICHTSRAT Ich würde nicht schreien, daß es keine Justiz mehr gibt, Goll.

DER AMTSRICHTER Was habe ich jetzt wieder gesagt? Das

meinte ich doch nicht. Ich meine nur, wenn solche Gegensätze da sind ...

DER LANDGERICHTSRAT Es gibt keine Gegensätze im Dritten Reich.

DER AMTSRICHTER Ja, natürlich. Ich sagte doch nichts anderes. Leg doch nicht jedes Wort auf die Goldwaage.

DER LANDGERICHTSRAT Warum soll ich das nicht? Ich bin Richter.

DER AMTSRICHTER *dem der Schweiß ausbricht:* Wenn man jedes Wort jedes Richters auf die Goldwaage legen wollte, lieber Fey! Aber ich bin ja gern bereit, alles in der allersorgfältigsten, gewissenhaftesten Weise zu prüfen, aber man muß mir doch sagen, welche Entscheidung im höheren Interesse liegt! Wenn ich den Juden im Laden geblieben sein lasse, verstimme ich natürlich den Hausbesitzer ... nein, den Teilhaber, ich kenne mich schon gar nicht mehr aus ... und wenn die Provokation von dem Arbeitslosen ausgegangen sein soll, ist es der Hausbesitzer, der ... wie, der von Miehl will doch, daß ... Man kann mich doch nicht nach Hinterpommern versetzen, ich habe einen Bruch und will nichts mit der SA zu tun kriegen, schließlich habe ich Familie, Fey! Meine Frau hat gut sagen, ich soll einfach untersuchen, was wirklich vorgefallen ist! Davon würde ich höchstens in einer Klinik aufwachen. Rede ich denn von Überfall? Ich rede von Provokation. Also, was will man? Ich verurteile natürlich nicht die SA, sondern den Juden oder den Arbeitslosen, aber wen von diesen beiden soll ich verurteilen? Wie soll ich wählen zwischen dem Arbeitslosen und dem Juden beziehungsweise dem Teilhaber und dem Hausbesitzer? Nach Pommern gehe ich auf keinen Fall, lieber ins Konzentrationslager, Fey, das geht doch nicht! Sieh mich nicht so an! Ich bin doch kein Angeklagter! Ich bin doch zu allem bereit!

DER LANDGERICHTSRAT *der aufgestanden ist:* Bereit sein ist eben nicht alles, mein Lieber.

DER AMTSRICHTER Aber wie soll ich denn entscheiden?

DER LANDGERICHTSRAT Im allgemeinen sagt dem Richter das sein Gewissen, Herr Goll. Lassen Sie sich das gesagt sein! Habe die Ehre.

DER AMTSRICHTER Ja, natürlich. Nach bestem Wissen und Gewissen. Aber in diesem Falle: was soll ich wählen? Was, Fey? *Der Landgerichtsrat ist weggegangen. Der Amtsrichter starrt ihm wortlos nach. Das Telefon klingelt.*

DER AMTSRICHTER *nimmt den Hörer ab:* Ja? – Emmi? – Was haben sie abgesagt? Den Kegelabend? – Von wem kam der Anruf? – Der Referendar Priesnitz? – Woher weiß denn der schon? – Was das bedeuten soll? Ich habe ein Urteil zu sprechen. *Er hängt ein. Der Gerichtsdiener tritt ein. Der Lärm auf den Gängen wird stark hörbar.*

DER GERICHTSDIENER Häberle, Schünt, Gaunitzer, Herr Amtsrichter.

DER AMTSRICHTER *sucht seine Akten zusammen:* Sofort.

DER GERICHTSDIENER Den Herrn Landgerichtspräsidenten habe ich am Pressetisch untergebracht. Er war ganz zufrieden. Aber der Herr Erste Staatsanwalt hat sich geweigert, auf dem Zeugenstand Platz zu nehmen. Er wollte wohl an den Richtertisch. Aber da hätten Sie ja die Verhandlung von der Anklagebank aus führen müssen, Herr Amtsrichter! *Er lacht albern über seinen Scherz.*

DER AMTSRICHTER Das tue ich auf keinen Fall.

DER GERICHTSDIENER Hier geht's hinaus, Herr Amtsrichter. Aber wo haben Sie denn Ihre Mappe mit der Anklage hingebracht?

DER AMTSRICHTER *völlig verwirrt:* Ja, die brauche ich. Sonst weiß ich überhaupt nicht, wer angeklagt ist, wie? Was machen wir nur mit dem Herrn Ersten Staatsanwalt?

DER GERICHTSDIENER Aber jetzt haben Sie ja das Adreßbuch untern Arm genommen, Herr Amtsrichter. Hier ist Ihre Mappe. *Er stopft sie ihm unter den Arm. Der Amtsrichter geht, sich den Schweiß abtrocknend, verstört hinaus.*

7

DIE BERUFSKRANKHEIT

> Es kommen die Herren Mediziner
> Des Staates willfährige Diener
> Sie werden bezahlt per Stück.
> Was die Schinder ihnen schicken
> Sollen sie zusammenflicken:
> Sie schicken es wieder zurück.

Berlin, 1934. Krankensaal der Charité. Ein neuer Kranker ist gebracht worden. Schwestern schreiben eben auf die Schiefertafel am Kopfende seines Bettes seinen Namen. Zwei Kranke in den Betten nebenan unterhalten sich.

DER EINE KRANKE Was ist das für einer?

DER ANDERE Ich hab ihn schon im Verbandraum gesehen. Ich bin neben seiner Tragbahre gesessen. Er war da noch bei Bewußtsein, aber er hat nichts geantwortet, als ich ihn fragte, was ihm fehlt. Er ist am ganzen Körper eine Wunde.

DER EINE Da brauchtest du ihn doch nicht zu fragen.

DER ANDERE Ich hab es doch erst gesehen, als er dann verbunden wurde.

EINE DER SCHWESTERN Ruhe, der Professor!

Gefolgt von Assistenten und Schwestern tritt der Chirurg in den Saal. Er bleibt vor einem der Betten stehen und doziert.

DER CHIRURG Meine Herren, Sie haben hier einen sehr schönen Fall, der Ihnen zeigt, daß ohne immer erneutes Fragen und Nachforschen nach den tieferen Ursachen der Erkrankung die Medizin zu einer bloßen Quacksalberei herabsinkt. Der Patient hat alle Erscheinungen einer Neuralgie und wurde lange Zeit daraufhin behandelt. In Wirklichkeit leidet er aber an der Raynaudschen Krankheit, die er sich in seinem Beruf als Arbeiter an Preßluftwerkzeugen zugezogen hat, also eine Berufskrankheit, meine Herren. Wir behandeln ihn erst jetzt richtig. Sie sehen aus diesem Fall, wie falsch es ist, wenn man den Patienten nur als einen Bestandteil der Klinik betrachtet, anstatt zu fragen: woher kommt der Patient, wo hat er sich seine Krankheit zugezogen, und wohin geht der Patient zurück, wenn er behandelt ist. Welche drei Dinge muß ein guter Arzt können? Erstens?

DER ERSTE ASSISTENT Fragen.

DER CHIRURG Zweitens?

DER ZWEITE ASSISTENT Fragen.

DER CHIRURG Drittens?

DER DRITTE ASSISTENT Fragen, Herr Professor!

DER CHIRURG Richtig! Fragen! Und vor allem nach den?

DER DRITTE ASSISTENT Sozialen Verhältnissen, Herr Professor!

DER CHIRURG Nur keine Furcht, das Auge auf das Privatleben des Patienten zu lenken, das oft leider Gottes ein recht trauriges ist. Wenn ein Mensch einen Beruf auszuüben gezwungen ist, der ihn über kurz oder lang körperlich zugrunde richten muß, so daß er sozusagen stirbt, um nicht zu verhungern, dann hört man das nicht gern, also fragt man danach auch nicht gern.

Er tritt mit seinem Gefolge an das Bett des neuen Patienten.

DER CHIRURG Was ist mit dem Mann?

Die Oberschwester flüstert ihm etwas ins Ohr.

DER CHIRURG Ach so.

Er untersucht flüchtig und sichtlich widerstrebend.

DER CHIRURG *diktiert:* Quetschungen im Rücken und an den Schenkeln. Offene Wunden am Bauch. Sonstiger Befund?

DIE OBERSCHWESTER *liest vor:* Blut im Urin.

DER CHIRURG Einlieferungsdiagnose?

DIE OBERSCHWESTER Eingerissene linke Niere.

DER CHIRURG Muß erst noch geröntgt werden. *Will sich wegwenden.*

DER DRITTE ASSISTENT *der die Krankengeschichte notiert:* Grund der Erkrankung, Herr Professor?

DER CHIRURG Was ist denn angegeben?

DIE OBERSCHWESTER Als Grund der Erkrankung ist Sturz von der Treppe angegeben.

DER CHIRURG *diktiert:* Sturz von der Treppe. – Warum sind die Hände angebunden?

DIE OBERSCHWESTER Der Patient hat seinen Verband schon zweimal abgerissen, Herr Professor.

DER CHIRURG Warum?

DER EINE KRANKE *halblaut:* Woher kommt der Patient, und wohin geht der Patient zurück?

Alle Köpfe fahren nach ihm herum.

DER CHIRURG *sich räuspernd:* Wenn der Patient unruhig ist, geben Sie Morphium. *Er geht an das nächste Bett.* Nun, geht es schon besser? Wir kommen schon wieder zu Kräften.

Er untersucht den Hals des Patienten.

EINER DER ASSISTENTEN *zu einem andern:* Arbeiter. Aus Oranienburg eingeliefert.

DER ANDERE *grinsend:* Also auch eine Berufskrankheit.

8

PHYSIKER

> Es kommen die Herren Gelehrten
> Mit falschen Teutonenbärten
> Und furchterfülltem Blick.
> Sie wollen nicht eine richtige
> Sondern eine arisch gesichtige
> Genehmigte deutsche Physik.

Göttingen, 1935. Physikalisches Institut. Zwei Wissenschaftler, X und Y. Y ist eben hereingekommen. Er trägt ein konspiratives Wesen zur Schau.

Y   Ich hab's!

X   Was?

Y   Die Antwort auf die Fragen an Mikowsky in Paris.

X   Über die Gravitationswellen?

Y   Ja.

X   Und?

Y   Weißt du, wer uns darüber geschrieben hat, genau das, was wir brauchen?

X   Na?

Y schreibt auf einen Zettel einen Namen und reicht ihn X. Wenn X ihn gelesen hat, nimmt Y den Zettel wieder an sich, zerreißt ihn in kleine Stückchen und wirft sie in den Ofen.

Y   Mikowsky hat unsere Fragen an ihn weitergeleitet. Hier ist die Antwort.

X   *greift gierig danach:* Gib her! *Plötzlich hält er sich zurück.* Aber wenn wir bei einer solchen Korrespondenz mit ihm erwischt werden . . .

Y   Das dürfen wir auf keinen Fall!

X   Aber wir kommen nicht weiter ohne das. Gib schon her.

Y   Du kannst es nicht lesen, ich habe es in meinem System stenographiert, das ist sicherer. Ich lese es vor.

x Du mußt achtgeben!

y Ist der Rollkopf im Labor? *Er deutet nach rechts.*

x *deutet nach links:* Nein, aber der Reinhardt. Setz dich hier-her.

y *liest:* Es handelt sich um zwei willkürliche kontravariante Vektoren, ψ und v, und einen kontravarianten Vektor t. Mit deren Hilfe werden die Komponenten eines gemischten Tensors zweiter Stufe gebildet, dessen Struktur demgemäß

$$\Sigma^{\cdot -lr} = C_{hi}^{-l}$$

ist.

x *der mitgeschrieben hat, bedeutet ihm plötzlich zu schweigen:* Augenblick!
Er steht auf und geht auf Zehenspitzen zur Wand links. Er hört anscheinend nichts Verdächtiges und kehrt zurück. Y liest weiter, mitunter jedoch auf ähnliche Weise unterbrochen. Sie untersuchen dann das Telefon, öffnen schnell die Tür usw.

y Für ruhende, inkohärente, nicht durch Spannungen aufeinander wirkende Materie ist $T = \mu$, die einzige von Null verschiedene Komponente der tensoriellen Energiedichte. Infolgedessen wird ein statisches Gravitationsfeld erzeugt, dessen Gleichung unter Hinzufügung des konstanten Proportionalitätsfaktors $8 \pi \varkappa$

$$\Delta f = 4 \pi \varkappa \mu$$

liefert. Bei geeigneter Wahl der Raumkoordinaten ist die Abweichung von $c^2\, dt^2$ sehr gering ...
Da irgendwo eine Tür zugeschlagen wird, wollen sie ihre Notizen verstecken. Es scheint jedoch dann nicht nötig. Von jetzt ab vertiefen sich die beiden allerdings in die Materie und scheinen die Gefährlichkeit ihres Tuns zu vergessen.

y *liest weiter:* ... andererseits sind die fraglichen Massen gegenüber der ruhenden, felderzeugenden Masse sehr klein, infolgedessen ist die Bewegung der in das Gravitationsfeld eingebetteten Körper durch eine geodätische Weltlinie in diesem statischen Gravitationsfeld gegeben. Sie genügt als solche dem Variationsprinzip

$$\delta \int ds = 0,$$

wobei die Enden des betreffenden Weltlinienstückes fest bleiben.

x Aber was sagt Einstein zu ...

Am Entsetzen Y's merkt X seinen Lapsus und sitzt starr vor Entsetzen. Y reißt ihm die mitgeschriebenen Notizen aus der Hand und steckt alle Papiere zu sich.

y *sehr laut zur linken Wand hinüber:* Ja, eine echt jüdische Spitzfindigkeit! Was hat das mit Physik zu tun?

Erleichtert nehmen sie ihre Notizen wieder vor und arbeiten schweigend weiter, mit allergrößter Vorsicht.

9

DIE JÜDISCHE FRAU

> Und dort sehn wir jene kommen
> Denen er ihre Weiber genommen
> Jetzt werden sie arisch gepaart.
> Da hilft kein Fluchen und Klagen
> Sie sind aus der Art geschlagen
> Er schlägt sie zurück in die Art.

Frankfurt, 1935. Es ist Abend. Eine Frau packt Koffer. Sie wählt aus, was sie mitnehmen will. Mitunter nimmt sie wieder etwas aus dem Koffer und gibt es an seinen Platz im Zimmer zurück, um etwas anderes einpacken zu können. Lange schwankt sie, ob sie eine große Photographie ihres Mannes, die auf der Kommode steht, mitnehmen soll. Dann läßt sie das Bild stehen. Sie wird müde vom Packen und sitzt eine Weile auf einem Koffer, den Kopf in die Hand gestützt. Dann steht sie auf und telefoniert.

DIE FRAU Hier Judith Keith. Doktor, sind Sie es? – Guten Abend. Ich wollte nur eben mal anrufen und sagen, daß ihr euch jetzt doch nach einem neuen Bridgepartner umsehen müßt, ich verreise nämlich. – Nein, nicht für so sehr lange, aber ein paar Wochen werden es schon werden. – Ich will nach Amsterdam. – Ja, das Frühjahr soll dort ganz schön sein. – Ich habe Freunde dort. – Nein, im Plural, wenn Sie es auch nicht glauben. – Wie ihr da Bridge spielen sollt? – Aber wir spielen doch schon seit zwei Wochen nicht. – Natürlich, Fritz war auch erkältet. Wenn es so kalt ist, kann man eben nicht mehr Bridge spielen, das sagte ich auch! – Aber nein, Doktor, wie sollte ich? – Thekla hatte doch auch ihre Mutter zu Besuch. – Ich weiß. – Warum sollte ich so was denken? – Nein, so plötzlich kam es gar nicht, ich habe nur immer verschoben, aber jetzt muß ich ... Ja, aus unserm

Kinobesuch wird jetzt auch nichts mehr, grüßen Sie Thekla. – Vielleicht rufen Sie ihn sonntags mal an? – Also, auf Wiedersehen! – Ja, sicher, gern! – Adieu!

Sie hängt ein und ruft eine andere Nummer an.

Hier Judith Keith. Ich möchte Frau Schöck sprechen. – Lotte? – Ich wollte rasch Adieu sagen, ich verreise auf einige Zeit. – Nein, mir fehlt nichts, nur um mal ein paar neue Gesichter zu sehen. – Ja, was ich sagen wollte, Fritz hat nächsten Dienstag den Professor hier zu Abend, da könntet ihr vielleicht auch kommen, ich fahre, wie gesagt, heute nacht. – Ja, Dienstag. – Nein, ich wollte nur sagen, ich fahre heute nacht, es hat gar nichts zu tun damit, ich dachte, ihr könntet dann auch kommen. – Nun, sagen wir also: obwohl ich nicht da bin, nicht? – Das weiß ich doch, daß ihr nicht so seid, und wenn, das sind doch unruhige Zeiten, und alle Leute passen so auf, ihr kommt also? – Wenn Max kann? Er wird schon können, der Professor ist auch da, sag's ihm. – Ich muß jetzt abhängen. Also, Adieu!

Sie hängt ein und ruft eine andere Nummer an.

Bist du es, Gertrud? Hier Judith. Entschuldige, daß ich dich störe. – Danke. Ich wollte dich fragen, ob du nach Fritz sehen kannst, ich verreise für ein paar Monate. – Ich denke, du, als seine Schwester . . . Warum möchtest du nicht? – So wird es aber doch nicht aussehen, bestimmt nicht für Fritz. – Natürlich weiß er, daß wir nicht so – gut standen, aber . . . Dann wird er eben dich anrufen, wenn du willst. – Ja, das will ich ihm sagen. – Es ist alles ziemlich in Ordnung, die Wohnung ist ja ein bißchen zu groß. – Was in seinem Arbeitszimmer gemacht werden soll, weiß Ida, laß sie da nur machen. – Ich finde sie ganz intelligent, und er ist gewöhnt an sie. – Und noch was, ich bitte dich, das nicht falsch aufzunehmen, aber er spricht nicht gern vor dem Essen, könntest du daran denken? Ich hielt mich da immer zurück. – Ich möchte nicht gern darüber diskutieren jetzt, mein Zug geht bald, ich habe noch nicht fertig gepackt, weißt du. – Sieh auf seine

Anzüge und erinnere ihn, daß er zum Schneider gehen muß, er hat einen Mantel bestellt, und sorg, daß in seinem Schlaf- zimmer noch geheizt wird, er schläft immer bei offenem Fen- ster, und das ist zu kalt. – Nein, ich glaube nicht, daß er sich abhärten soll, aber jetzt muß ich Schluß machen. – Ich danke dir sehr, Gertrud, und wir schreiben uns ja immer mal wie- der. – Adieu.

Sie hängt ein und ruft eine andere Nummer an.

Anna? Hier ist Judith, du, ich fahre jetzt. – Nein, es muß schon sein, es wird zu schwierig. – Zu schwierig! – Ja, nein, Fritz will es nicht, er weiß noch gar nichts, ich habe einfach gepackt. – Ich glaube nicht. – Ich glaube nicht, daß er viel sagen wird. Es ist einfach zu schwierig für ihn, rein äußer- lich. – Darüber haben wir nichts verabredet. – Wir sprachen doch überhaupt nie darüber, nie! – Nein, er war nicht an- ders, im Gegenteil. – Ich wollte, daß ihr euch seiner ein wenig annehmt, die erste Zeit. – Ja, sonntags besonders, und redet ihm zu, daß er umzieht. – Die Wohnung ist zu groß für ihn. – Ich hätte dir gern noch Adieu gesagt, aber du weißt ja, der Portier! – Also, Adieu, nein, komm nicht auf die Bahn, auf keinen Fall! – Adieu, ich schreib mal. – Sicher.

Sie hängt ein und ruft keine andere Nummer mehr an. Sie hat geraucht. Jetzt zündet sie das Büchlein an, in dem sie die Telefonnummern nachgeschlagen hat. Ein paarmal geht sie auf und ab. Dann beginnt sie zu sprechen. Sie probt die kleine Rede ein, die sie ihrem Mann halten will. Man sieht, er sitzt in einem bestimmten Stuhl.

Ja, ich fahre jetzt also, Fritz. Ich bin vielleicht schon zu lange geblieben, das mußt du entschuldigen, aber . . .

Sie bleibt stehen und besinnt sich, fängt anders an.

Fritz, du solltest mich nicht mehr halten, du kannst es nicht . . . Es ist klar, daß ich dich zugrunde richten werde, ich weiß, du bist nicht feig, die Polizei fürchtest du nicht, aber es gibt Schlimmeres. Sie werden dich nicht ins Lager bringen, aber sie werden dich nicht mehr in die Klinik lassen, morgen oder übermorgen, du wirst nichts sagen dann, aber du wirst krank werden. Ich will dich nicht hier herumsitzen sehen, Zeitschriften blätternd, es ist reiner Egoismus von mir, wenn ich gehe, sonst nichts. Sage nichts . . .

Sie hält wieder inne. Sie beginnt wieder von vorn.

Sage nicht, du bist unverändert, du bist es nicht! Vorige Woche hast du ganz objektiv gefunden, der Prozentsatz der jüdischen Wissenschaftler sei gar nicht so groß. Mit der Objektivität fängt es immer an, und warum sagst du mir jetzt fortwährend, ich sei nie so nationalistisch jüdisch gewesen wie jetzt. Natürlich bin ich das. Das steckt ja so an. Oh, Fritz, was ist mit uns geschehen!

Sie hält wieder inne. Sie beginnt wieder von vorn.

Ich habe es dir nicht gesagt, daß ich fort will, seit langem fort will, weil ich nicht reden kann, wenn ich dich ansehe, Fritz. Es kommt mir dann so nutzlos vor, zu reden. Es ist doch alles schon bestimmt. Was ist eigentlich in sie gefahren? Was wollen sie in Wirklichkeit? Was tue ich ihnen? Ich habe mich doch nie in die Politik gemischt. War ich für Thälmann? Ich bin doch eines von diesen Bourgeoisweibern, die Dienstboten halten usw., und plötzlich sollen nur noch die Blonden das sein dürfen? In der letzten Zeit habe ich oft daran gedacht, wie du mir vor Jahren sagtest, es gäbe wertvolle Menschen und weniger wertvolle, und die einen bekämen Insulin, wenn sie Zucker haben und die andern bekämen keins. Und das habe ich eingesehen, ich Dummkopf! Jetzt haben sie eine neue Einteilung dieser Art gemacht, und jetzt gehöre ich zu den Wertloseren. Das geschieht mir recht.

Sie hält wieder inne. Sie beginnt wieder von vorn.

Ja, ich packe. Du mußt nicht tun, als ob du das nicht gemerkt hättest die letzten Tage. Fritz, alles geht, nur eines nicht: daß wir in der letzten Stunde, die uns bleibt, einander nicht in die Augen sehen. Das dürfen sie nicht erreichen, die Lügner, die alle zum Lügen zwingen. Vor zehn Jahren, als jemand meinte, das sieht man nicht, daß ich eine Jüdin bin, sagtest du schnell: doch, das sieht man. Und das freut einen. Das war Klarheit. Warum jetzt um das Ding herumgehen? Ich packe, weil sie dir sonst die Oberarztstelle wegnehmen. Und weil sie dich schon nicht mehr grüßen in deiner Klinik und weil du nachts schon nicht mehr schlafen kannst. Ich will nicht, daß du mir sagst, ich soll nicht gehen. Ich beeile mich, weil ich dich nicht noch sagen hören will, ich soll gehen. Das ist eine Frage der Zeit. Charakter, das ist eine Zeitfrage. Er hält soundso lange, genau wie ein Handschuh. Es gibt gute, die halten lange. Aber sie halten nicht ewig. Ich bin übrigens nicht böse. Doch, ich bin's. Warum soll ich alles einsehen? Was ist schlecht an der Form meiner Nase und der Farbe meines Haares? Ich soll weg von der Stadt, wo ich geboren bin, damit sie keine Butter zu geben brauchen. Was seid ihr für Menschen, ja, auch du! Ihr erfindet die Quantentheorie und den Trendelenburg und laßt euch von Halbwilden kommandieren, daß ihr die Welt erobern sollt, aber nicht die Frau haben dürft, die ihr haben wollt. Künstliche Atmung und jeder Schuß ein Ruß! Ihr seid Ungeheuer oder Speichellecker von Ungeheuern! Ja, das ist unvernünftig von mir, aber was hilft in einer solchen Welt die Vernunft? Du sitzt da und siehst deine Frau packen und sagst nichts. Die Wände haben Ohren, wie? Aber ihr sagt ja nichts! Die einen horchen, und die andern schweigen. Pfui Teufel. Ich sollte auch schweigen. Wenn ich dich liebte, schwiege ich. Ich liebe dich wirklich. Gib mir die Wäsche dort. Das ist Reizwäsche. Ich werde sie brauchen. Ich bin sechsunddreißig, das ist nicht zu alt, aber viel experimentieren kann ich nicht mehr. Mit dem nächsten Land, in das ich komme, darf es nicht mehr so gehen. Der nächste Mann, den ich kriege, muß mich behalten dürfen. Und sage nicht, du wirst Geld schicken, du weißt, das kannst du nicht. Und du sollst auch nicht tun, als wäre es nur für vier Wochen. Das hier dauert nicht nur vier Wochen. Du weißt es, und ich weiß es auch. Sage also nicht: es sind schließlich nur ein paar Wochen, während du mir den Pelzmantel gibst, den ich doch erst im Winter brauchen werde. Und reden wir nicht von Unglück. Reden wir von Schande. O Fritz!

Sie hält inne. Eine Tür geht. Sie macht sich hastig zurecht. Ihr Mann tritt ein.

DER MANN Was machst du denn? Räumst du?

DIE FRAU Nein.

DER MANN Warum packen?

DIE FRAU Ich möchte weg.

DER MANN Was heißt das?

DIE FRAU Wir haben doch gesprochen, gelegentlich, daß ich für einige Zeit weggehe. Es ist doch nicht mehr sehr schön hier.

DER MANN Das ist doch Unsinn.

DIE FRAU Soll ich denn bleiben?

DER MANN Wohin willst du denn?

DIE FRAU Nach Amsterdam. Eben weg.

DER MANN Aber dort hast du doch niemanden.

DIE FRAU Nein.

DER MANN Warum willst du denn nicht hierbleiben? Meinetwegen mußt du bestimmt nicht gehen.

DIE FRAU Nein.

DER MANN Du weißt, daß ich unverändert bin, weißt du das, Judith?

DIE FRAU Ja.

Er umarmt sie. Sie stehen stumm zwischen den Koffern.

DER MANN Und es ist nichts sonst, was dich weggehen macht?

DIE FRAU Das weißt du.

DER MANN Vielleicht ist es nicht so dumm. Du brauchst ein Aufschnaufen. Hier erstickt man. Ich hole dich. Wenn ich nur zwei Tage jenseits der Grenze bin, wird mir schon besser sein.

DIE FRAU Ja, das solltest du.

DER MANN Allzulang geht das hier überhaupt nicht mehr. Von irgendwoher kommt der Umschwung. Das klingt alles wieder ab wie eine Entzündung. – Es ist wirklich ein Unglück.

DIE FRAU Sicher. Hast du Schöck getroffen?

DER MANN Ja, das heißt, nur auf der Treppe. Ich glaube, er bedauert schon wieder, daß sie uns geschnitten haben. Er war direkt verlegen. Auf die Dauer können sie uns Intellektbestien doch nicht so ganz niederhalten. Mit völlig rückgratlosen Wracks können sie auch nicht Krieg führen. Die Leute sind nicht mal so ablehnend, wenn man ihnen fest gegenübertritt. Wann willst du denn fahren?

DIE FRAU Neun Uhr fünfzehn.

DER MANN Und wohin soll ich das Geld schicken?

DIE FRAU Vielleicht hauptpostlagernd Amsterdam.

DER MANN Ich werde mir eine Sondererlaubnis geben lassen. Zum Teufel, ich kann doch nicht meine Frau mit zehn Mark im Monat wegschicken! Schweinerei, das Ganze. Mir ist scheußlich zumute.

DIE FRAU Wenn du mich abholen kommst, das wird dir guttun.

DER MANN Einmal eine Zeitung lesen, wo was drin steht.

DIE FRAU Gertrud habe ich angerufen. Sie wird nach dir sehen.

DER MANN Höchst überflüssig. Wegen der paar Wochen.

DIE FRAU *die wieder zu packen begonnen hat:* Jetzt gib mir den Pelzmantel herüber, willst du?

DER MANN *gibt ihn ihr:* Schließlich sind es nur ein paar Wochen.

10

DER SPITZEL

Es kommen die Herrn Professoren
Der Pimpf nimmt sie bei den Ohren
Und lehrt sie Brust heraus stehn.
Jeder Schüler ein Spitzel. Sie müssen
Von Himmel und Erde nichts wissen.
Aber wer weiß was auf wen?

Dann kommen die lieben Kinder
Sie holen die Henker und Schinder
Und führen sie nach Haus.
Sie zeigen auf ihre Väter
Und nennen sie Verräter.
Man führt sie gefesselt hinaus.

Köln, 1935. Regnerischer Sonntagnachmittag. Der Mann, die Frau und der Knabe nach dem Essen. Das Mädchen kommt herein.

DAS MÄDCHEN Herr und Frau Klimbtsch lassen fragen, ob die Herrschaften zu Hause sind?

DER MANN *schnarrt:* Nein.
Das Mädchen geht hinaus.

DIE FRAU Du hättest selber ans Telefon gehen sollen. Sie wissen doch, daß wir jetzt noch nicht weggegangen sein können.

DER MANN Wieso können wir nicht weggegangen sein?

DIE FRAU Weil es regnet.

DER MANN Das ist doch kein Grund.

DIE FRAU Wohin sollen wir denn gegangen sein? Das werden sie sich doch jetzt sofort fragen.

DER MANN Da gibt es doch eine ganze Menge Stellen.

DIE FRAU Warum gehen wir dann nicht weg?

DER MANN Wo sollen wir denn hingehen?

DIE FRAU Wenn es wenigstens nicht regnete.

DER MANN Und wohin sollte man schon gehen, wenn es nicht regnete?

DIE FRAU Früher konnte man sich doch wenigstens mit jemand treffen.

Pause.

DIE FRAU Es war falsch, daß du nicht ans Telefon gingst. Jetzt wissen sie, daß wir sie nicht hier haben wollen.

DER MANN Und wenn sie das wissen!

DIE FRAU Dann ist es unangenehm, daß wir uns gerade jetzt von ihnen zurückziehen, wo alles sich von ihnen zurückzieht.

DER MANN Wir ziehen uns nicht von ihnen zurück.

DIE FRAU Warum sollen sie dann nicht herkommen?

DER MANN Weil mich dieser Klimbtsch zu Tode langweilt.

DIE FRAU Früher hat er dich nicht gelangweilt.

DER MANN Früher! Mach mich nicht nervös mit deinem ewigen »früher«!

DIE FRAU Jedenfalls hättest du ihn früher nicht geschnitten, weil ein Verfahren von der Schulinspektion gegen ihn läuft.

DER MANN Du willst also sagen, ich bin feige?

Pause.

DER MANN Dann ruf sie doch an und sage, wir sind eben zurückgekommen, wegen des Regens.

Die Frau bleibt sitzen.

DIE FRAU Sollen wir Lemkes fragen, ob sie herüberkommen wollen?

DER MANN Damit sie uns wieder nachweisen, daß wir nicht luftschutzfreudig genug sind?

DIE FRAU *zum Knaben:* Klaus-Heinrich, laß das Radio!

Der Knabe wendet sich zu den Zeitungen.

DER MANN Daß es heute regnen muß, das ist eine Katastrophe. Aber man kann eben nicht in einem Land leben, wo es eine Katastrophe ist, wenn es regnet.

DIE FRAU Meinst du, das hat viel Sinn, mit solchen Äußerungen um sich zu werfen?

DER MANN In meinen vier Wänden kann ich äußern, was mir

paßt. Ich lasse mir nicht in meinem eigenen Heim das Wort...

Er wird unterbrochen. Das Mädchen kommt mit Kaffee-geschirr herein. Man schweigt, solange sie herinnen ist.

DER MANN Müssen wir ein Mädchen haben, dessen Vater Block-wart ist?

DIE FRAU Darüber haben wir doch, denke ich, genug gespro-chen. Das letzte, was du sagtest, war, das habe seine Vorteile.

DER MANN Was ich alles gesagt haben soll! Sag so etwas nur deiner Mutter, und wir können in den schönsten Salat kommen.

DIE FRAU Was ich mit meiner Mutter spreche...

Das Mädchen kommt mit dem Kaffee.

DIE FRAU Lassen Sie nur, Erna, Sie können ruhig gehen, ich mache das schon.

DAS MÄDCHEN Vielen Dank, gnädige Frau. *Ab.*

DER KNABE *von der Zeitung aufsehend:* Machen alle Geist-lichen das, Papa?

DER MANN Was?

DER KNABE Was hier steht.

DER MANN Was liest du denn? *Er reißt ihm die Zeitung aus der Hand.*

DER KNABE Aber unser Gruppenführer hat gesagt, was in die-ser Zeitung steht, können wir alle wissen.

DER MANN Das ist für mich nicht maßgebend, was der Grup-penführer gesagt hat. Was du lesen kannst und was du nicht lesen kannst, entscheide ich.

DIE FRAU Hier hast du zehn Pfennig, Klaus-Heinrich, geh hin-über und kauf dir was.

DER KNABE Aber es regnet doch. *Er drückt sich unentschlossen am Fenster herum.*

DER MANN Wenn diese Berichte über die Priesterprozesse nicht aufhören, werde ich die Zeitung überhaupt abbestellen.

DIE FRAU Und welche willst du abonnieren? Es steht doch in allen.

DER MANN Wenn in allen Zeitungen solche Schweinereien stehen, dann werde ich eben keine Zeitung mehr lesen. Weniger wissen werde ich dann auch nicht, was auf der Welt los ist.

DIE FRAU Es ist nicht so schlecht, wenn sie ausräumen.

DER MANN Ausräumen! Das ist doch alles nur Politik.

DIE FRAU Jedenfalls geht es uns nichts an, schließlich sind wir evangelisch.

DER MANN Für das Volk ist das nicht gleichgültig, wenn es nicht mehr an eine Sakristei denken kann, ohne an diese Scheußlichkeiten zu denken.

DIE FRAU Was sollen sie denn machen, wenn so etwas passiert!

DER MANN Was sie machen sollen? Vielleicht können sie einmal vor ihrer eigenen Tür kehren. In ihrem Braunen Haus soll auch nicht alles sauber sein, höre ich.

DIE FRAU Aber das ist doch nur ein Beweis der Gesundung unseres Volkes, Karl!

DER MANN Gesundung! Nette Gesundung. Wenn die Gesundheit so aussieht, dann ziehe ich die Krankheit vor.

DIE FRAU Du bist heute so nervös. War in der Schule was los?

DER MANN Was soll in der Schule los gewesen sein? Und sage, bitte, nicht immer, daß ich so nervös bin, das macht ja erst nervös.

DIE FRAU Wir sollten nicht immer streiten, Karl. Früher . . .

DER MANN Darauf habe ich jetzt nur gewartet. Früher! Ich wünschte es weder früher, noch wünsche ich es heute, daß die Phantasie meines Kindes vergiftet wird.

DIE FRAU Wo ist er denn überhaupt?

DER MANN Wie soll ich das wissen?

DIE FRAU Hast du ihn weggehen sehen?

DER MANN Nein.

DIE FRAU Ich verstehe nicht, wo er hin sein kann. *Sie ruft:* Klaus-Heinrich!

Sie läuft aus dem Zimmer. Man hört sie rufen. Sie kehrt zurück.

DIE FRAU Er ist wirklich weg!

DER MANN Warum soll er denn nicht weg sein?

DIE FRAU Aber es regnet doch in Strömen!

DER MANN Warum bist du denn so nervös, wenn der Junge mal weggeht?

DIE FRAU Was haben wir denn geredet?

DER MANN Was hat das damit zu tun?

DIE FRAU Du bist so unbeherrscht in letzter Zeit.

DER MANN Ich bin zwar nicht unbeherrscht in der letzten Zeit, aber selbst wenn ich unbeherrscht wäre, was hat das damit zu tun, daß der Junge weg ist?

DIE FRAU Aber du weißt doch, daß sie zuhören.

DER MANN Und?

DIE FRAU Und! Und wenn er es dann herumerzählt? Du weißt doch, was sie jetzt immer hineinreden in sie in der HJ. Sie werden doch direkt aufgefordert, daß sie alles melden. Es ist komisch, daß er so still weggegangen ist.

DER MANN Unsinn.

DIE FRAU Hast du nicht gesehen, wann er fort ist?

DER MANN Er hat sich eine ganze Zeitlang am Fenster herumgedrückt.

DIE FRAU Ich möchte wissen, was er noch mit angehört hat.

DER MANN Aber er weiß doch, was geschieht, wenn Leute angezeigt werden.

DIE FRAU Und der Junge, von dem Schmulkes erzählt haben? Sein Vater soll noch immer im Lager sein. Wenn wir nur wüßten, wie lange er im Zimmer war.

DER MANN Das ist ja alles Unsinn!

Er läuft in die anderen Zimmer und ruft nach dem Knaben.

DIE FRAU Ich kann mir nicht denken, daß er, ohne ein Wort zu sagen, einfach wo hingeht. So ist er nicht.

DER MANN Vielleicht ist er bei einem Schulkameraden?

DIE FRAU Dann kann er nur bei Mummermanns sein. Ich rufe an.

Sie telefoniert.

DER MANN Ich halte das Ganze für falschen Alarm.

DIE FRAU *am Telefon:* Hier Frau Studienrat Furcke. Guten Tag, Frau Mummermann. Ist Klaus-Heinrich bei Ihnen? – Nein? – Da kann ich mir aber gar nicht denken, wo der Junge ist. – Sagen Sie, Frau Mummermann, ist das HJ-Lokal Sonntag nachmittags offen? – Ja? – Vielen Dank, dann will ich dort mal nachfragen.

Sie hängt ein. Die beiden sitzen schweigend.

DER MANN Was kann er schon gehört haben?

DIE FRAU Du hast doch über die Zeitung gesprochen. Das über das Braune Haus hättest du nicht sagen dürfen. Er empfindet doch so national.

DER MANN Was soll ich über das Braune Haus gesagt haben?

DIE FRAU Da mußt du dich doch erinnern! Daß dort nicht alles sauber ist.

DER MANN Das kann doch nicht als Angriff ausgelegt werden. Nicht alles sauber oder, wie ich abschwächend sagte, nicht alles ganz sauber, was schon einen Unterschied macht, und zwar einen beträchtlichen, das ist doch mehr eine spaßhafte Bemerkung volkstümlicher Art, sozusagen in der Umgangssprache, das bedeutet nicht viel mehr, als daß sogar dort wahrscheinlich einiges nicht immer und unter allen Umständen so ist, wie es der Führer will. Den nur wahrscheinlichen Charakter brachte ich übrigens mit voller Absicht dadurch zum Ausdruck, daß ich, wie ich mich deutlich erinnere, formulierte, es »soll« dort ja auch nicht alles ganz – ganz in abschwächendem Sinne gebraucht – sauber sein. Soll sein! Nicht: ist! Ich kann nicht sagen, daß dort etwas nicht sauber ist, da fehlt jeder Beweis. Wo Menschen sind, gibt es Unvollkommenheiten. Mehr habe ich nicht angedeutet, und auch das nur in abgeschwächtester Form. Und überdies hat der Führer selber bei einer gewissen Gelegenheit seine Kritik in dieser Richtung ungleich schärfer formuliert.

DIE FRAU Ich verstehe dich nicht. Mit mir mußt du doch nicht so sprechen.

DER MANN Ich wollte, ich müßte es nicht! Ich bin mir nicht klar
darüber, was du selber überall herumquatschst von dem, was
hier zwischen diesen Wänden mal in der Erregung vielleicht
gesagt werden mag. Wohl verstanden, ich bin weit entfernt,
dich irgendwelcher leichtfertiger Ausstreuungen gegen deinen Mann zu bezichtigen, genau wie ich von dem Jungen
keinen Augenblick annehme, daß er etwas gegen seinen eigenen Vater unternehmen könnte. Aber zwischen Übel tun und
es wissen ist ja leider ein gewaltiger Unterschied.

DIE FRAU Jetzt hör aber auf! Paß lieber auf deine Zunge auf!
Die ganze Zeit zerbreche ich mir schon den Kopf darüber,
ob du das, daß man in Hitlerdeutschland nicht leben kann,
vor oder nach dem über das Braune Haus gesagt hast.

DER MANN Das habe ich überhaupt nicht gesagt.

DIE FRAU Du tust ja schon direkt, als sei ich die Polizei! Ich
zermartere mich doch nur, was der Junge gehört haben kann.

DER MANN Das Wort Hitlerdeutschland stammt überhaupt
nicht aus meinem Sprachschatz.

DIE FRAU Und das mit dem Blockwart, und daß in den Zei-
tungen lauter Lügen stehen, und was du neulich über den
Luftschutz gesagt hast, der Junge hört ja überhaupt nichts
Positives! Das ist überhaupt nicht gut für ein jugendliches
Gemüt, das dadurch nur zersetzt wird, wo der Führer immer-
fort betont, Deutschlands Jugend ist Deutschlands Zukunft.
Der Junge ist ja wirklich eigentlich nicht so, daß er einfach
hinläuft und einen anzeigt. Mir ist ganz übel.

DER MANN Aber rachsüchtig ist er.

DIE FRAU Wofür sollte er denn Rache nehmen?

DER MANN Weiß der Teufel, da gibt's doch immer was. Vielleicht, weil ich ihm seinen Laubfrosch weggenommen habe.

DIE FRAU Aber das ist doch schon eine Woche her.

DER MANN Aber so etwas merkt er sich.

DIE FRAU Warum hast du ihn ihm auch weggenommen?

DER MANN Weil er ihm keine Fliegen fing. Er ließ ihn verhungern.

DIE FRAU Er hat aber doch wirklich zuviel zu tun.

DER MANN Dafür kann doch der Frosch nichts.

DIE FRAU Aber er hat schon gar nicht mehr davon geredet, und ich habe ihm doch eben erst zehn Pfennig gegeben. Er kriegt doch alles, was er will.

DER MANN Ja, das ist Bestechung.

DIE FRAU Was meinst du damit?

DER MANN Sie werden doch sofort sagen, wir haben versucht, ihn zu bestechen, damit er reinen Mund hält.

DIE FRAU Was meinst du denn, daß sie dir machen können?

DER MANN Na, alles! Da gibt es doch keine Grenzen! Großer Gott! Und da soll man Lehrer sein! Erzieher der Jugend! Furcht habe ich vor ihr!

DIE FRAU Aber gegen dich liegt doch nichts vor?

DER MANN Gegen alle liegt was vor. Alle sind verdächtig. Es genügt doch, daß der Verdacht besteht, daß einer verdächtig ist.

DIE FRAU Aber ein Kind ist doch kein zuverlässiger Zeuge. Ein Kind weiß doch überhaupt nicht, was es daherredet.

DER MANN Das sagst du. Aber seit wann brauchen sie einen Zeugen für irgendwas?

DIE FRAU Können wir nicht ausdenken, was du gemeint haben kannst bei deinen Bemerkungen? Ich meine, er hat dich dann eben mißverstanden.

DER MANN Was kann ich denn gesagt haben? Ich kann mich auch nicht mehr erinnern. An allem ist der verdammte Regen schuld. Man wird eben mißmutig. Schließlich bin ich doch der letzte, der etwas gegen den seelischen Aufschwung äußern würde, den das deutsche Volk heute erlebt. Ich habe schon Ende neunzehnhundertzweiunddreißig das Ganze vorausgesagt.

DIE FRAU Karl, wir haben nicht die Zeit dazu, jetzt darüber zu sprechen. Wir müssen uns alles genau zurechtlegen, und zwar sofort. Wir dürfen keine Minute verlieren.

DER MANN Ich kann es mir nicht denken von Klaus-Heinrich.

DIE FRAU Also zuerst das mit dem Braunen Haus und den Schweinereien.

DER MANN Ich habe doch kein Wort von Schweinereien gesagt.

DIE FRAU Du hast gesagt, die Zeitung ist voll von Schweinereien und du willst sie abbestellen.

DER MANN Ja, die Zeitung! Aber nicht das Braune Haus!

DIE FRAU Kannst du nicht gesagt haben, daß du diese Schweinereien in den Sakristeien mißbilligst? Und daß du für durchaus möglich hältst, daß es diese Leute, die heute vor Gericht stehen, waren, die seinerzeit die Greuelmärchen über das Braune Haus, und daß dort nicht alles sauber sein sollte, aufgebracht haben? Und daß sie lieber schon damals hätten vor ihrer eigenen Tür kehren sollen? Und überhaupt hast du dem Jungen gesagt, laß das Radio und nimm dir lieber die Zeitung vor, weil du auf dem Standpunkt stehst, daß die Jugend im Dritten Reich mit klaren Augen betrachten soll, was um sie herum vorgeht.

DER MANN Das hilft ja alles nicht.

DIE FRAU Karl, du darfst jetzt nicht den Kopf sinken lassen! Du mußt stark sein, wie es der Führer immer ...

DER MANN Ich kann doch nicht vor die Schranken des Gerichts treten, und auf dem Zeugenstand steht mein eigen Fleisch und Blut und zeugt wider mich.

DIE FRAU So mußt du das doch nicht nehmen.

DER MANN Der Verkehr mit den Klimbtschs war ein großer Leichtsinn.

DIE FRAU Aber dem ist doch gar nichts passiert.

DER MANN Ja, aber die Untersuchung schwebt schon.

DIE FRAU Wenn alle, über die irgendwann eine Untersuchung geschwebt hat, verzweifeln wollten!

DER MANN Meinst du, der Blockwart hat was gegen uns?

DIE FRAU Du meinst, wenn bei ihm recherchiert wird? Er hat zu seinem Geburtstag erst eine Kiste Zigarren bekommen, und das Neujahrsgeld war auch reichlich.

DER MANN Gauffs nebenan haben fünfzehn Mark gegeben!

DIE FRAU Die haben aber noch zweiunddreißig den »Vorwärts«
gelesen, und noch im Mai dreiunddreißig haben sie schwarz-
weißrot geflaggt!

Das Telefon läutet.

DER MANN Das Telefon!

DIE FRAU Soll ich hingehen?

DER MANN Ich weiß nicht.

DIE FRAU Wer kann da anrufen?

DER MANN Wart noch mal ab. Wenn es noch einmal klingelt,
kannst du ja hingehen.

Sie warten. Es klingelt nicht mehr.

DER MANN Das ist doch kein Leben mehr!

DIE FRAU Karl!

DER MANN Einen Judas hast du mir geboren! Da sitzt er bei
Tisch und horcht, während er die Suppe löffelt, die wir ihm
hinstellen, und merkt sich alles, was seine Erzeuger sagen,
der Spitzel!

DIE FRAU Das darfst du nicht sagen!

Pause.

DIE FRAU Meinst du, wir sollen irgendwelche Vorbereitungen
treffen?

DER MANN Meinst du, daß sie gleich mitkommen?

DIE FRAU Das ist doch möglich?

DER MANN Vielleicht soll ich mein Eisernes Kreuz anlegen?

DIE FRAU Auf jeden Fall, Karl!

Er holt es und legt es mit zitternden Händen an.

DIE FRAU Aber in der Schule liegt doch nichts gegen dich
vor?

DER MANN Wie soll ich denn das wissen? Ich bin ja bereit, alles
zu lehren, was sie gelehrt haben wollen, aber was wollen sie
gelehrt haben? Wenn ich das immer wüßte! Was weiß ich,
wie sie wollen, daß Bismarck gewesen sein soll! Wenn sie so
langsam die neuen Schulbücher herausbringen! Kannst du
nicht dem Dienstmädchen noch zehn Mark geben? Die horcht
auch immer.

DIE FRAU *nickt:* Und das Hitlerbild, sollen wir es über deinen Schreibtisch hängen? Das sieht besser aus.

DER MANN Ja, mach das,

Die Frau will das Bild umhängen.

DER MANN Aber wenn der Junge dann sagt, wir haben es eigens umgehängt, das würde auf Schuldbewußtsein schließen lassen.

Die Frau hängt das Bild an den alten Platz zurück.

DER MANN Ist da nicht die Tür gegangen?

DIE FRAU Ich habe nichts gehört.

DER MANN Doch!

DIE FRAU Karl!

Sie umarmt ihn.

DER MANN Verlier nicht die Nerven. Pack mir etwas Wäsche ein.

Die Haustür geht. Mann und Frau stehen nebeneinander, erstarrt, in der Ecke des Zimmers. Die Tür geht auf, und herein kommt der Knabe, eine Tüte in der Hand. – Pause.

DER KNABE Was habt ihr denn?

DIE FRAU Wo warst du?

Der Knabe zeigt auf die Tüte mit Schokolade.

DIE FRAU Hast du nur Schokolade gekauft?

DER KNABE Was denn sonst? Klar.

Er geht fressend durchs Zimmer ab. Seine Eltern sehen ihm forschend nach.

DER MANN Meinst du, er sagt die Wahrheit?

Die Frau zuckt die Achseln.

DIE SCHWARZEN SCHUHE

> Es kommen die Witwen und Waisen
> Auch ihnen ist verheißen
> Eine gute Zeit.
> Doch erst heißt es opfern und steuern
> Dieweil sie das Fleisch verteuern.
> Die gute Zeit ist weit.

Bitterfeld, 1935. Küche einer Arbeiterwohnung. Die Mutter beim Kartoffelschälen. Ihre dreizehnjährige Tochter bei der Schularbeit.

DIE TOCHTER Mutter, krieg ich die zwei Pfennig?

DIE MUTTER Für die Hitlerjugend?

DIE TOCHTER Ja.

DIE MUTTER Ich hab doch kein Geld übrig.

DIE TOCHTER Aber wenn ich die zwei Pfennig pro Woche nicht bringe, komm ich im Sommer nicht aufs Land. Und die Lehrerin hat gesagt, Hitler will, daß Stadt und Land sich kennenlernen. Die Städter sollen den Bauern näherkommen. Aber die zwei Pfennig muß ich dann bringen.

DIE MUTTER Ich will mir's überlegen, wie ich sie dir geben kann.

DIE TOCHTER Das ist fein, Mutter. Ich helf dir auch beim Kartoffelschälen. Auf dem Land ist's fein, nicht? Da gibt's ordentlich zu futtern. Die Lehrerin sagt beim Turnen, ich habe einen Kartoffelbauch.

DIE MUTTER Du hast gar keinen.

DIE TOCHTER Nein, jetzt grad nicht. Aber voriges Jahr hatte ich. Aber nicht sehr.

DIE MUTTER Vielleicht kann ich mal ein bißchen Gekröse bekommen.

DIE TOCHTER Ich krieg doch die Semmel in der Schule. Das

kriegst du nicht. Die Berta hat gesagt, wo sie auf dem Land war, gab's auch Gänseschmalz aufs Brot. Und mal Fleisch. Das ist fein, nicht?

DIE MUTTER Sehr.

DIE TOCHTER Und die gute Luft.

DIE MUTTER Arbeiten hat sie aber wohl auch müssen?

DIE TOCHTER Freilich. Aber viel zu essen. Aber der Bauer war auch frech zu ihr, hat sie gesagt.

DIE MUTTER Wieso?

DIE TOCHTER Ach, nichts. Er hat sie nur nicht in Ruh gelassen.

DIE MUTTER So.

DIE TOCHTER Aber die Berta war auch schon größer als ich. Ein Jahr älter.

DIE MUTTER Mach jetzt deine Schularbeit!

Pause, dann:

DIE TOCHTER Aber die alten schwarzen Schuhe von der Wohlfahrt muß ich nicht anziehen?

DIE MUTTER Du brauchst sie doch noch nicht. Du hast doch noch das andere Paar.

DIE TOCHTER Ich meine nur, weil die jetzt ein Loch haben.

DIE MUTTER Aber es ist doch das nasse Wetter.

DIE TOCHTER Ich leg Papier ein. Das hält.

DIE MUTTER Nein, das hält nicht. Wenn sie durch sind, muß man sie besohlen.

DIE TOCHTER Das ist so teuer.

DIE MUTTER Was hast du denn gegen die von der Wohlfahrt?

DIE TOCHTER Ich kann sie nicht leiden.

DIE MUTTER Weil sie so lang sind?

DIE TOCHTER Siehst du, das meinst du auch!

DIE MUTTER Sie sind eben schon älter.

DIE TOCHTER Muß ich sie tragen?

DIE MUTTER Wenn du sie nicht leiden kannst, mußt du sie nicht tragen.

DIE TOCHTER Ich bin aber nicht eitel, nicht?

DIE MUTTER Nein. Du wirst nur größer.

Pause, dann:
DIE TOCHTER Und kann ich die zwei Pfennig kriegen, Mutter? Ich will doch aufs Land.
DIE MUTTER *langsam:* Ich hab kein Geld dafür.

ARBEITSDIENST

> Die Klassenversöhner pressen
> Für Stiefel und schlechtes Fressen
> Die Armen zum Arbeitsdienst.
> Sie sehen ein Jahr in der gleichen
> Montur die Söhne der Reichen.
> Hätten lieber einen Gewinst.

Lüneburger Heide, 1935. Eine Arbeitsdienstkolonne bei der Arbeit. Ein junger Arbeiter und ein Student schippen zusammen.

DER STUDENT Warum haben sie den Kleinen, Kräftigen von der dritten Kolonne eingelocht?

DER JUNGE ARBEITER *grinsend:* Der Gruppenführer hat gesagt, wir lernen, was arbeiten ist, und er hat halblaut gesagt, er will auch lernen, was Lohntütenkriegen ist. Das haben sie krumm genommen.

DER STUDENT Warum sagt er so was?

DER JUNGE ARBEITER Wahrscheinlich, weil er schon weiß, was arbeiten ist. Er war schon mit vierzehn im Schacht.

DER STUDENT Obacht, der Dicke kommt her.

DER JUNGE ARBEITER Wenn er herschaut, kann ich nicht nur eine Handbreit aufhacken.

DER STUDENT Aber mehr kann ich nicht schaufeln.

DER JUNGE ARBEITER Wenn er mich erwischt, setzt's was.

DER STUDENT Dann schmeiß ich auch keine Zigaretten mehr.

DER JUNGE ARBEITER Aber er muß mich erwischen!

DER STUDENT Du willst auch auf Urlaub. Meinst du, ich zahl dir, wenn du nicht einmal das riskieren willst.

DER JUNGE ARBEITER Das, was du zahlst, ist schon lange abgegolten.

DER STUDENT Aber ich zahl dir nicht.

DER GRUPPENFÜHRER *kommt und schaut zu:* So, Herr Doktor, jetzt siehst du, was arbeiten heißt, siehst du's?

DER STUDENT Jawohl, Herr Gruppenführer.

Der junge Arbeiter hackt nur eine Handbreit Erde auf. Der Student gibt sich den Anschein, als schaufle er aus Leibeskräften.

DER GRUPPENFÜHRER Das verdankst du dem Führer.

DER STUDENT Jawohl, Herr Gruppenführer.

DER GRUPPENFÜHRER Da heißt's: Schulter an Schulter und kein Standesdünkel. In seinen Arbeitslagern wünscht der Führer keine Unterschiede. Da kommt's mal nicht drauf an, was der Herr Papa ist. Weitermachen. *Er geht.*

DER STUDENT Das war keine Handbreit.

DER JUNGE ARBEITER Doch war es.

DER STUDENT Zigaretten sind nicht heute. Und vielleicht überlegst du dir auch, daß es solche wie dich, die Zigaretten wollen, viele gibt.

DER JUNGE ARBEITER *langsam:* Ja, solche wie mich gibt's viele. Das vergessen wir manchmal.

DIE STUNDE DES ARBEITERS

> Es kommen die Goebbelsorgane
> Und drücken die Membrane
> Dem Volk in die schwielige Hand.
> Doch weil sie dem Volk nicht trauen
> Halten sie ihre Klauen
> Zwischen Lipp' und Kelchesrand.

Leipzig, 1934. Büro des Werkmeisters in einer Fabrik. Ein Radioansager mit einem Mikrophon unterhält sich mit einem Arbeiter in mittleren Jahren, einem alten Arbeiter und einer Arbeiterin. Im Hintergrund ein Herr vom Büro und ein vierschrötiger Mensch in SA-Uniform.

DER ANSAGER Wir stehen mitten im Getriebe der Schwungräder und Treibriemen, umgeben von emsig und unverdrossen arbeitenden Volksgenossen, die das Ihrige dazu beitragen, daß unser liebes Vaterland mit all dem versehen wird, was es braucht. Wir sind heute vormittag in der Spinnerei Fuchs AG. Und wiewohl die Arbeit schwer ist und jeden Muskel anspannt, sehen wir doch um uns nur lauter fröhliche und zufriedene Gesichter. Aber wir wollen unsere Volksgenossen selber sprechen lassen. *Zu dem alten Arbeiter:* Sie sind einundzwanzig Jahre im Betrieb, Herr ...

DER ALTE ARBEITER Sedelmaier.

DER ANSAGER Herr Sedelmaier. Nun, Herr Sedelmaier, wie kommt es, daß wir hier lauter so freudige und unverdrossene Gesichter sehen?

DER ALTE ARBEITER *nach einigem Nachdenken:* Die machen ja immer Witze.

DER ANSAGER So. Ja und so geht unter munteren Scherzworten die Arbeit leicht von der Hand, wie? Der Nationalsozialismus kennt keinen lebensfeindlichen Pessimismus, meinen Sie. Früher war das anders, wie?

DER ALTE ARBEITER Ja, ja.

DER ANSAGER In der Systemzeit gab's für die Arbeiter nichts zu lachen, meinen Sie. Da hieß es: wofür arbeiten wir!

DER ALTE ARBEITER Ja, da gibt's schon einige, die das sagen.

DER ANSAGER Wie meinen? Ach so, Sie deuten auf die Mekkerer hin, die es immer mal zwischendurch gibt, wenn sie auch immer weniger werden, weil sie einsehen, daß alles nicht hilft, sondern alles aufwärts geht im Dritten Reich, seit wieder eine starke Hand da ist. Das wollen Sie – *zur Arbeiterin* – doch auch sagen, Fräulein . . .

DIE ARBEITERIN Schmidt.

DER ANSAGER Fräulein Schmidt. An welchem unserer stählernen Maschinengiganten arbeiten denn Sie?

DIE ARBEITERIN *auswendig:* Und da ist ja auch die Arbeit bei der Ausschmückung des Arbeitsraums, die uns viel Freude bereitet. Das Führerbild ist auf Grund einer freiwilligen Spende zustande gekommen, und sind wir sehr stolz darauf. Wie auch auf die Geranienstöcke, die eine Farbe in das Grau des Arbeitsraums hineinzaubern, eine Anregung von Fräulein Kinze.

DER ANSAGER Da schmücken Sie also die Arbeitsstätte mit Blumen, den lieblichen Kindern des Feldes? Und sonst ist wohl auch allerhand anders geworden im Betrieb, seit sich Deutschlands Geschick gewendet hat?

DER HERR VOM BÜRO *sagt ein:* Waschräume.

DIE ARBEITERIN Die Waschräume sind ein Gedanke des Herrn Direktors Bäuschle persönlich, wofür wir herzlichen Dank abstatten möchten. Wer will, kann sich in den schönen Waschräumen waschen, wenn es nicht zu viel sind und Gedränge.

DER ANSAGER Ja, da will wohl jeder zuerst ran, wie? Da ist immer ein lustiges Gebalge?

DIE ARBEITERIN Es sind nur sechs Hähne für fünfhundertzweiundfünfzig. Da ist immer ein Krakeel. Manche sind unverschämt.

DER ANSAGER Aber alles geht in bestem Einvernehmen vor sich. Und jetzt will uns noch Herr, wie ist doch gleich der Name, etwas sagen.

DER ARBEITER Mahn.

DER ANSAGER Mahn also. Herr Mahn. Wie ist das nun, Herr Mahn, haben die vielen Neueinstellungen in der Fabrik sich auf den Geist der Arbeitskollegen ausgewirkt?

DER ARBEITER Wie meinen Sie das?

DER ANSAGER Nun, freut ihr euch, daß wieder alle Räder sich drehen und alle Hände Arbeit haben?

DER ARBEITER Jawohl.

DER ANSAGER Und daß jeder wieder am Ende der Woche seine Lohntüte nach Hause nehmen kann, das wollen wir doch auch nicht vergessen.

DER ARBEITER Nein.

DER ANSAGER Das war ja nicht immer so. In der Systemzeit mußte so mancher Volksgenosse den bittern Gang zur Wohlfahrt antreten. Und sich mit einem Almosen abfinden.

DER ARBEITER Achtzehn Mark fünfzig. Abzüge keine.

DER ANSAGER *lacht künstlich:* Hahaha! Famoser Witz! Da war nicht viel abzuziehen.

DER ARBEITER Nein, jetzt ist's mehr.

Der Herr vom Büro tritt nervös vor, ebenso der Vierschrötige in SA-Uniform.

DER ANSAGER Ja, so sind alle wieder zu Arbeit und Brot gekommen im Dritten Reich, Sie haben ganz recht, Herr, wie war doch der Name? Kein Rad steht mehr still, kein Arm braucht mehr zu rosten im Deutschland Adolf Hitlers. *Er schiebt den Arbeiter brutal vom Mikrophon.* In freudiger Zusammenarbeit gehen der Arbeiter der Stirn und der Arbeiter der Faust an den Wiederaufbau unseres lieben deutschen Vaterlandes. Heil Hitler!

DIE KISTE

> Sie kommen mit zinnernen Särgen
> Worinnen sie verbergen
> Was sie aus einem Menschen gemacht.
> Er hat sich nicht ergeben
> Er kämpfte für ein besseres Leben
> In der großen Klassenschlacht.

Essen, 1934. Arbeiterwohnung. Eine Frau mit zwei Kindern. Ein junger Arbeiter und seine Frau, die zu Besuch sind. Die Frau weint. Man hört vom Treppenhaus her Tritte. Die Tür steht offen.

DIE FRAU Er hat doch nur gesagt, daß sie Hungerlöhne zahlen. Das ist doch wahr. Die Älteste hat es auf der Lunge, und wir können keine Milch kaufen. Sie können ihm doch nichts getan haben.

SA-Leute bringen eine große Kiste herein und stellen sie auf den Boden.

SA-MANN Nun machen Sie nur kein Theater. 'ne Lungenentzündung kann jeder mal kriegen. Da sind die Papiere. Alles in bester Ordnung. Und nun machen Sie mal keine Dummheiten.

Die SA-Leute ab.

EIN KIND Mutter, ist da Vater drin?

DER ARBEITER *ist zur Kiste gegangen:* Sie ist aus Zink.

DAS KIND Können wir nicht aufmachen?

DER ARBEITER *rasend:* Ja, das können wir! Wo hast du die Werkzeugkiste?

Er sucht nach Werkzeug. Seine junge Frau will ihn abhalten.

DIE JUNGE FRAU Mach nicht auf, Hans! Sie holen dich nur auch.

DER ARBEITER Ich will sehen, was sie mit ihm gemacht haben.

Die haben ja Furcht, daß man das sieht. Sonst brächten sie ihn nicht in Zink. Laß mich!

DIE JUNGE FRAU Ich laß dich nicht. Hast du sie nicht gehört?

DER ARBEITER Vielleicht darf man ihn wenigstens noch sehen, wie?

DIE FRAU *nimmt ihre Kinder bei der Hand und geht zu der Zinkkiste:* Ich hab noch einen Bruder, den sie holen könnten, Hans. Und dich können sie auch holen. Die Kiste kann zubleiben. Wir müssen ihn nicht sehen. Wir werden ihn nicht vergessen.

DER ENTLASSENE

> Es kommen die Geplagten
> Mit Peitschen Ausgefragten.
> Sie schwiegen die ganze Nacht.
> Es müssen ihre Freunde und Frauen
> Mit Argwohn auf sie schauen:
> Was haben sie gen Morgen gemacht?

Berlin, 1936. Arbeiterküche. Sonntag vormittag. Mann und Frau. Von weitem hört man Militärmusik.

DER MANN Er muß gleich da sein.

DIE FRAU Eigentlich wißt ihr doch gar nichts gegen ihn.

DER MANN Wir wissen nur, daß er aus dem KZ entlassen worden ist.

DIE FRAU Aber warum mißtraut ihr ihm dann?

DER MANN Es ist zuviel vorgekommen. Man setzt ihnen zu sehr zu drinnen.

DIE FRAU Aber wie soll er sich da wieder ausweisen?

DER MANN Wir können es schon feststellen, wo er steht.

DIE FRAU Das kann aber dauern.

DER MANN Ja.

DIE FRAU Dabei kann er der beste Genosse sein.

DER MANN Das kann er.

DIE FRAU Dann muß es schrecklich für ihn sein, wenn er sieht, alle mißtrauen ihm.

DER MANN Er weiß, das ist nötig.

DIE FRAU Trotzdem.

DER MANN Jetzt höre ich was. Geh nicht hinaus während des Gesprächs.

Es läutet. Der Mann öffnet die Tür, der Entlassene kommt herein.

DER MANN Guten Tag, Max.

Der Entlassene schüttelt dem Mann und der Frau stumm die Hände.

DIE FRAU Wollen Sie eine Tasse Kaffee mit uns trinken? Wir trinken gerade.

DER ENTLASSENE Wenn es keine Arbeit macht.

Pause.

DER ENTLASSENE Ihr habt einen neuen Schrank.

DIE FRAU Eigentlich ist es ein alter für elf Mark fünfzig. Der andere ist zusammengefallen.

DER ENTLASSENE Aha.

DER MANN Ist was los in den Straßen?

DER ENTLASSENE Sie sammeln eben.

DIE FRAU Wir könnten ganz gut einen Anzug für Willi brauchen.

DER MANN Ich habe doch Arbeit.

DIE FRAU Aber deswegen könnten wir doch einen Anzug für dich brauchen.

DER MANN Red keinen Unsinn.

DER ENTLASSENE Arbeit oder nicht, brauchen kann jeder was.

DER MANN Hast du schon Arbeit?

DER ENTLASSENE Ich soll kriegen.

DER MANN Bei Siemens?

DER ENTLASSENE Ja, oder woanders.

DER MANN Es ist ja jetzt nicht mehr so schwer.

DER ENTLASSENE Nein.

Pause.

DER MANN Wie lange warst du jetzt drinnen?

DER ENTLASSENE Halbes Jahr.

DER MANN Hast du jemand drinnen getroffen?

DER ENTLASSENE Ich kannte keinen. *Pause.* Sie bringen sie jetzt immer in ganz verschiedene Lager. Man kann nach Bayern kommen.

DER MANN Aha.

DER ENTLASSENE Heraußen ist nicht sehr viel verändert.

DER MANN Nicht sonderlich.

DIE FRAU Wissen Sie, wir leben ganz still für uns. Willi trifft kaum mal mehr jemand von seinen alten Kollegen, nicht, Willi?

DER MANN Ja, Verkehr haben wir wenig.

DER ENTLASSENE Die Kehrichttonnen habt ihr wohl immer noch nicht aus dem Flur gekriegt?

DIE FRAU Ach, wissen Sie das noch? Ja, er sagt, er hat keinen andern Platz dafür.

DER ENTLASSENE *da die Frau ihm eine Tasse Kaffee eingießt:* Ich nehme nur einen Schluck. Ich will nicht lange bleiben.

DER MANN Hast du was vor?

DER ENTLASSENE Die Selma hat mir gesagt, ihr habt nach ihr gesehen, als sie lag. Schönen Dank.

DIE FRAU Da ist nichts zu danken. Wir hätten ihr gesagt, sie soll mal öfters herüberkommen abends, aber wir haben ja nicht mal Radio.

DER MANN Was man da hört, steht ja doch in der Zeitung auch.

DER ENTLASSENE Viel steht nicht in der Mottenpost.

DIE FRAU Aber ebensoviel wie im Völkischen steht da auch drin.

DER ENTLASSENE Und im Völkischen steht soviel wie in der Mottenpost, wie?

DER MANN Ich lese nicht soviel am Abend. Zu müde.

DIE FRAU Aber was haben Sie denn da an der Hand? Die ist ja ganz verschrumpft und zwei Finger weg!

DER ENTLASSENE Da bin ich gefallen.

DER MANN Gut, daß es die linke ist.

DER ENTLASSENE Ja, das ist noch ein Glück. Ich hätte dich gern gesprochen. Nichts für ungut, Frau Mahn.

DIE FRAU Ja, sicher. Ich hätte nur noch den Herd aufzuräumen.

Sie beschäftigt sich mit dem Herd. Der Entlassene schaut ihr zu, ein dünnes Lächeln auf dem Mund.

DER MANN Wir wollen gleich nach dem Essen weg. Ist die Selma wieder in Ordnung?

DER ENTLASSENE Die Hüfte nicht. Sie verträgt das Waschen nicht. Sagt mal ... *Er unterbricht sich und sieht die beiden an. Sie sehen ihn an. Er spricht nicht weiter.*

DER MANN *heiser:* Ob man mal auf den Alex sollte vor dem Essen? Wegen dem Rummel mit dem Sammeln?

DIE FRAU Das könnten wir doch, nicht?

DER ENTLASSENE Sicher.

Pause.

DER ENTLASSENE *leise:* Du Willi, ich bin immer noch der alte.

DER MANN *oberflächlich:* Klar. Vielleicht machen sie Musik auf dem Alex. Mach dich mal fertig, Anna. Kaffee haben wir getrunken. Ich fahr mir mal ein bißchen durch das Haar.
Sie gehen ins Zimmer nebenan. Der Entlassene bleibt sitzen. Er hat seinen Hut genommen. Er pfeift vor sich hin. Die beiden kommen angekleidet zurück.

DER MANN Also komm, Max.

DER ENTLASSENE Schön. Ich will dir nur noch eines sagen: ich finde es ganz richtig.

DER MANN Ja, dann gehen wir also.
Sie gehen zusammen hinaus.

WINTERHILFE

> Die Winterhelfer treten
> Mit Fahnen und Trompeten
> Auch in das ärmste Haus.
> Sie schleppen stolz erpreßte
> Lumpen und Speisereste
> Für die armen Nachbarn heraus.
>
> Die Hand, die ihren Bruder erschlagen
> Reicht, daß sie sich nicht beklagen
> Eine milde Gabe in Eil.
> Es bleiben die Almosenwecken
> Ihnen im Halse stecken
> Und auch das Hitlerheil.

Karlsruhe, 1937. In die Wohnung einer alten Frau, die mit ihrer Tochter am Tisch steht, bringen zwei SA-Leute ein Paket der Winterhilfe.

DER ERSTE SA-MANN So, Mutter, das schickt Ihnen der Führer.

DER ZWEITE SA-MANN Damit Sie nicht sagen können, er sorgt nicht für Sie.

DIE ALTE FRAU Danke schön, danke schön. Kartoffeln, Erna. Und ein Wolljumper. Und Äpfel.

DER ERSTE SA-MANN Und ein Brief vom Führer mit was drinnen. Machen Sie mal auf!

DIE ALTE FRAU *öffnet den Brief:* Fünf Mark! Was sagst du jetzt, Erna?

DER ZWEITE SA-MANN Winterhilfe!

DIE ALTE FRAU Da müssen Sie aber auch ein Äpfelchen nehmen, junger Mann, und Sie auch. Weil Sie das gebracht haben und sind die Stiegen hochgeklettert. Andres hab ich ja nicht da. Und ich nehm auch gleich einen.
Sie beißt in einen Apfel. Alle essen Äpfel, außer der jungen Frau.

DIE ALTE FRAU Nimm doch auch einen, Erna, steh nicht so rum! Jetzt siehst du doch, daß es nicht so ist, wie dein Mann sagt.

DER ERSTE SA-MANN Wie sagt er denn?

DIE JUNGE FRAU Gar nichts sagt er. Die Alte quatscht bloß.

DIE ALTE FRAU Nein, das ist auch nur Gerede von ihm, nichts Schlimmes, wissen Sie, was eben alle so reden. Daß die Preise ein bißchen hochgegangen sind in der letzten Zeit. *Sie deutet mit dem Apfel auf ihre Tochter.* Und sie hat ja auch tatsächlich aus dem Haushaltungsbuch ausgerechnet, daß sie hundertdreiundzwanzig Märker mehr gebraucht hat für Essen in diesem Jahr als im vorigen. Nicht, Erna? *Sie sieht, daß die SA-Leute das anscheinend krumm genommen haben.* Aber das ist ja nur, weil so aufgerüstet wird, nicht? Was ist denn? Hab ich was gesagt?

DER ERSTE SA-MANN Wo verwahren Sie denn das Haushaltungsbuch, junge Frau?

DER ZWEITE SA-MANN Und wem zeigen Sie denn das Haushaltungsbuch alles?

DIE JUNGE FRAU Es ist nur zu Hause. Ich zeig es niemand.

DIE ALTE FRAU Das können Sie ihr doch nicht übelnehmen, daß sie ein Haushaltungsbuch führt, nicht?

DER ERSTE SA-MANN Und daß sie Greuelmärchen verbreitet, das können wir wohl auch nicht übelnehmen, was?

DER ZWEITE SA-MANN Und daß sie besonders laut Heil Hitler gerufen hätte bei unserm Eintritt, hab ich auch nicht gehört. Hast du?

DIE ALTE FRAU Aber sie hat Heil Hitler gerufen, und ich sage es auch. Heil Hitler!

DER ZWEITE SA-MANN Das ist ja ein nettes Marxistennest, wo wir da reingestochen haben, Albert. Das Haushaltungsbuch müssen wir mal näher bekieken, kommen Sie gleich mit uns, wo Sie wohnen.

Er packt die junge Frau am Arm.

DIE ALTE FRAU Aber sie ist doch im dritten Monat! Sie können

doch nicht . . . das tun Sie doch nicht! Wo Sie doch das Paket
gebracht haben und die Äpfel angenommen haben. Erna! Sie
hat doch Heil Hitler gerufen, was soll ich nur machen. Heil
Hitler! Heil Hitler!

*Sie erbricht den Apfel. – Die SA-Leute führen ihre Tochter
ab.*

DIE ALTE FRAU *sich weiter erbrechend:* Heil Hitler!

ZWEI BÄCKER

> Dann kommen die Bäckermeister
> Die tragen einen Sack mit Kleister
> Und sollen daraus backen Brot.
> So backen sie denn Brot, die Braven
> Aus Kleie, Mehl und Paragraphen
> Und haben damit ihre Not.

Landsberg, 1936. Gefängnishof. Die Sträflinge gehen im Kreise. Jeweils vorn sprechen zueinander leise zwei Sträflinge.

DER EINE Du bist also auch Bäcker, Neuer?

DER ANDERE Ja. Bist du auch?

DER EINE Ja. Warum haben sie dich geschnappt?

DER ANDERE Obacht!

Sie gehen wieder den Kreis.

DER ANDERE Weil ich nicht Kleie und Kartoffeln ins Brot gab. Und du? Wie lang bist du schon hier?

DER EINE Zwei Jahre.

DER ANDERE Und warum bist du hier? Obacht!

Sie gehen wieder den Kreis.

DER EINE Weil ich Kleie ins Brot gab. Das hieß vor zwei Jahren noch Lebensmittelfälschung.

DER ANDERE Obacht!

DER BAUER FÜTTERT DIE SAU

> Im Zug marschiert der Bauer
> Und sein Gesicht ist sauer.
> Sie zahlen ihm nichts fürs Korn.
> Und will seine Sau dann saufen
> Dann muß er die Milch teuer kaufen.
> Der Bauer hat einen Zorn.

Aichach, 1937. Bauernhof. Es ist Nacht. Der Bauer instruiert vor dem Schweinestall seine Frau und seine zwei Kinder.

DER BAUER Ich hab euch nie nicht hineinziehn wolln, aber ihr habt es gespannt, und jetzt müßt ihr halt das Maul halten. Sonst kommt euer Vater ins Zuchthaus nach Landsberg hinein auf Lebenszeit. Wir tun nix Unrechtes, wenn wir unser Vieh füttern, wenn es Hunger hat. Der Herrgott will nie nicht, daß eine Kreatur hungert. Und sobald sie hungert, schreit sie, und ich kann nicht hören, daß eine Sau schreit auf mein Hof von wegen Hunger. Und füttern darf ich sie nicht. Von Staats wegen. Ich fütter sie aber doch, ich. Weil, wenn ich sie nicht fütter, dann steht sie mir um, und ich hab ein Verlust, wo mir keiner mehr ersetzt.

DIE BÄUERIN Das mein ich auch. Unser Korn ist unser Korn. Und die Lumpen können uns nix vorschreiben. Die Juden haben sie vertrieben, aber der Staat ist der größte Jud. Und der Herr Pfarrer hat gesagt: Du sollst dem Ochsen, der da drischet, nicht das Maul verbinden. Da hat er angedeutet, daß wir ruhig unser Vieh füttern können. Wir haben denen ihren Vierjahresplan nicht gemacht und sind nicht gefragt worden.

DER BAUER Akkurat so. Die sind nicht für die Bauern, und die Bauern sind nicht für die. Mein Korn soll ich abliefern, und das Viehfutter soll ich teuer kaufen. Damit der Schtrizi Kanonen kaufen kann.

DIE BÄUERIN Stell dich also ans Gatter, Toni, und du, Marie, geh auf die Wiesen, und sobald jemand kommt, sagt's es.

Die Kinder nehmen Aufstellung. Der Bauer mischt das Schweinefutter und trägt es, sich scheu umschauend, zum Schweinestall. Auch seine Frau schaut sich scheu um.

DER BAUER *der Sau das Futter hinschüttend:* So, friß nur, Lina. Heil Hitler! Wann die Kreatur hungert, gibt's kein Staat mehr.

DER ALTE KÄMPFER

> Es kommen die Wähler gelaufen
> In hundertprozentigen Haufen
> Sie wählen den, der sie quält.
> Sie haben nicht Brot und nicht Butter
> Sie haben nicht Mantel noch Futter.
> Sie haben Hitler gewählt.

Calw in Württemberg, 1938. Ein Platz mit kleinen Läden. Im Hintergrund ein Fleischerladen, vorn ein Milchgeschäft. Es ist ein dunkler Wintermorgen. Der Fleischerladen ist noch geschlossen. Aber das Milchgeschäft ist schon beleuchtet, und es warten auch ein paar Kunden.

EIN KLEINBÜRGER Es gibt heute wieder keine Butter, wie?

DIE FRAU Soviel müßte doch da sein, wie ich kaufen kann von dem, was meiner verdient.

EIN JUNGER BURSCHE Meckern Sie mal nicht, ja? Deutschland, und das steht mal bombenfest, braucht Kanonen und keine Butter. Hat er ganz deutlich gesagt.

DIE FRAU *kleinlaut:* Das ist auch richtig.
Schweigen.

DER JUNGE BURSCHE Meinen Sie, mit Butter hätten wir das Rheinland besetzen können? Da war jeder dafür, wie's geschafft war, aber opfern will keiner was.

EINE ZWEITE FRAU Immer mit der Ruhe. Wir opfern alle.

DER JUNGE BURSCHE *mißtrauisch:* Wie meinen Sie das?

DIE ZWEITE FRAU *zur ersten:* Geben Sie etwa nichts, wenn gesammelt wird?
Die erste Frau nickt.

DIE ZWEITE FRAU Na, also. Sie gibt. Und wir geben auch. Freiwillig.

DER JUNGE BURSCHE Das kennt man. Jeden Pfennig an der

Strippe, wenn der Führer für seine großen Aufgaben sozusagen Unterstützung benötigt. Nichts als Lumpen spendieren sie der Winterhilfe. Am liebsten gäben sie nur die Motten ab. Aber wir kennen schon unsere Pappenheimer. Der Fabrikbesitzer von Nummer elf hat tatsächlich ein Paar durchwetzte Reitstiefel gespendet.

DER KLEINBÜRGER Unvorsichtig sind die Leute!

Aus dem Milchgeschäft kommt mit weißer Schürze die Milchhändlerin.

DIE MILCHHÄNDLERIN Gleich sind wir soweit. *Zur zweiten Frau:* Guten Morgen, Frau Ruhl. Haben Sie gehört, nebenan den jungen Lettner haben sie gestern abend geholt.

DIE ZWEITE FRAU Den Fleischer?

DIE MILCHHÄNDLERIN Ja, den Sohn.

DIE ZWEITE FRAU Aber der war doch bei der SA?

DIE MILCHHÄNDLERIN War er. Der Alte ist seit neunundzwanzig in der Partei. Er war gestern nur außerhalb bei einer Viehauktion, sonst hätten sie ihn auch mitgenommen.

DIE ZWEITE FRAU Was haben sie denn gemacht?

DIE MILCHHÄNDLERIN Mit dem Fleisch aufgeschlagen. Er bekam nichts mehr herein in der letzten Zeit und mußte die Kunden weggehen lassen. Und da soll er schwarz gekauft haben. Es heißt sogar, beim Juden.

DER JUNGE BURSCHE Und da sollen sie ihn ni cht wegholen!

DIE MILCHHÄNDLERIN Er war immer einer der eifrigsten. Den alten Zeisler von Nummer siebzehn hat er hereingebracht, weil der den Völkischen nicht abonniert hat. Er ist ein alter Kämpfer.

DIE ZWEITE FRAU Der wird Augen machen, wenn er zurückkommt.

DIE MILCHHÄNDLERIN Wenn er zurückkommt!

DER KLEINBÜRGER Unvorsichtig sind die Leute!

DIE ZWEITE FRAU Sie machen, scheint's, gar nicht auf heute.

DIE MILCHHÄNDLERIN Das Beste, was sie tun können! Wenn die Polizei erst einmal so wo hineinschaut, findet sie immer was, nicht? Wo die Ware so schwer zu beschaffen ist heute! Wir bekommen einfach von der Genossenschaft, da gibt es keine Anstände soweit. *Laut ausrufend:* Sahne gibt's heute nicht! *Allgemeines Murmeln der Enttäuschung.* Die Lettners sollen ja auch eine Hypothek auf dem Haus haben. Sie haben damit gerechnet, daß sie gestrichen wird oder Gott weiß was.

DER KLEINBÜRGER Sie können doch nicht die Hypotheken streichen! Das ist ein wenig viel verlangt.

DIE ZWEITE FRAU Der junge Lettner war ein ganz netter Mensch.

DIE MILCHHÄNDLERIN Der Wilde war immer der alte Lettner. Er hat den Jungen einfach in die SA gesteckt. Der hat freilich lieber mit einem Mädchen ausgehen wollen.

DER JUNGE BURSCHE Was heißt: der Wilde?

DIE MILCHHÄNDLERIN Hab ich gesagt, der Wilde? Na ja, er ist immer wild geworden, wenn sie was gegen die Idee gesagt haben, früher. Er hat immer von der Idee geredet und gegen den Egoismus von den einzelnen.

DER KLEINBÜRGER Sie machen doch auf.

DIE ZWEITE FRAU Leben müssen sie schließlich.

Aus dem jetzt halbhellen Fleischerladen ist eine dicke Frau getreten. Sie bleibt auf dem Trottoir stehen und blickt suchend die Straße hinunter. Dann wendet sie sich zu der Milchhändlerin.

DIE FLEISCHERSFRAU Guten Morgen, Frau Schlichter. Haben Sie unsern Richard gesehen? Er sollte schon lange mit dem Fleisch da sein!

Die Milchhändlerin antwortet ihr nicht. Alle starren sie nur an. Sie begreift und geht schnell in den Laden zurück.

DIE MILCHHÄNDLERIN Tut, als sei nichts vorgefallen. Zum Klappen ist es ja gekommen, wie der Alte vorgestern den Krach gemacht hat, daß man ihn über den ganzen Platz hat brüllen hören. Das haben sie ihm angekreidet.

DIE ZWEITE FRAU Davon hab ich gar nichts gehört, Frau Schlichter.

DIE MILCHHÄNDLERIN Tatsächlich? Er hat sich doch geweigert, die Schinken aus Pappmaché im Schaufenster aufzuhängen, die sie ihm gebracht haben. Vorher hat er sie bestellt, weil sie's verlangt haben, weil er eine Woche lang überhaupt nichts ins Schaufenster gehängt hat, nur die Preistafel. Er sagte: Ich hab nichts mehr fürs Schaufenster. Wie sie dann mit den Pappmachéschinken gekommen sind, es war auch ein halbes Kalb darunter, ganz echt nachgemacht, hat er gebrüllt, er hängt nichts zum Schein in sein Schaufenster und noch allerhand andres, was man gar nicht wiederholen kann. Alles gegen die Regierung, und dann hat er die Dinger auf die Straße geschmissen. Sie haben sie auflesen müssen aus dem Dreck.

DIE ZWEITE FRAU Tz, tz, tz, tz.

DER KLEINBÜRGER Unvorsichtig sind die Leute!

DIE ZWEITE FRAU Wie kommt das nur, daß die Leute so außer Rand und Band kommen?

DIE MILCHHÄNDLERIN Und grad die Schlauesten!

In diesem Augenblick wird im Fleischerladen ein zweites Licht aufgedreht.

DIE MILCHHÄNDLERIN Sehen Sie!

Sie zeigt aufgeregt auf das halbhelle Schaufenster.

DIE ZWEITE FRAU Da ist doch was im Schaufenster!

DIE MILCHHÄNDLERIN Das ist doch der alte Lettner! Und im Mantel! Aber auf was steht er denn? *Schreit plötzlich:* Frau Lettner!

DIE FLEISCHERSFRAU *tritt aus dem Laden:* Was ist denn?
Die Milchhändlerin zeigt sprachlos auf das Schaufenster. Die Fleischersfrau wirft einen Blick hinein, schreit auf und fällt ohnmächtig um. Die zweite Frau und die Milchhändlerin laufen hinüber.

DIE ZWEITE FRAU *über die Schulter zurück:* Er hat sich im Schaufenster aufgehängt!

DER KLEINBÜRGER Er hat ein Schild um.

DIE ERSTE FRAU Das ist die Preistafel. Es steht was drauf.

DIE ZWEITE FRAU Es steht drauf: Ich habe Hitler ge-
wählt!

20

DIE BERGPREDIGT

> Es müssen die Christen mit Schrecken
> Ihre zehn Gebote verstecken
> Sonst hagelt es Prügel und Spott.
> Sie können nicht Christen bleiben.
> Neue Götter vertreiben
> Ihren jüdischen Friedensgott.

Lübeck, 1937, Wohnküche eines Fischers. Der Fischer liegt im Sterben. An seinem Lager seine Frau und, in SA-Uniform, sein Sohn. Der Pfarrer ist da.

DER STERBENDE Sagen Sie, gibt es wirklich was danach?

DER PFARRER Quälen Sie sich denn mit Zweifeln?

DIE FRAU In den letzten Tagen hat er immer gesagt, es wird soviel geredet und versprochen, was soll man da glauben. Sie dürfen es ihm nicht übelnehmen, Herr Pfarrer.

DER PFARRER Danach gibt es das ewige Leben.

DER STERBENDE Und das ist besser?

DER PFARRER Ja.

DER STERBENDE Das muß es auch sein.

DIE FRAU Er hat sich so gefrettet, wissen Sie.

DER PFARRER Glauben Sie mir, Gott weiß das.

DER STERBENDE Meinen Sie? *Nach einer Pause:* Da oben kann man dann vielleicht wieder das Maul aufmachen, wie?

DER PFARRER *etwas verwirrt:* Es steht geschrieben: Der Glaube versetzt Berge. Sie müssen glauben. Es wird Ihnen leichter dann.

DIE FRAU Sie dürfen nicht meinen, Herr Pfarrer, daß es ihm am Glauben fehlt. Er hat immer das Abendmahl genommen. *Zu ihrem Mann, dringlich:* Der Herr Pfarrer meint, du glaubst gar nicht. Aber du glaubst doch, nicht?

DER STERBENDE Ja...

Stille.

DER STERBENDE Da ist doch sonst nichts.

DER PFARRER Was meinen Sie damit? Da ist doch sonst nichts?

DER STERBENDE Na, da ist doch sonst nichts. Nicht? Ich meine, wenn es irgendwas gegeben hätte ...

DER PFARRER Aber was hätte es denn geben sollen?

DER STERBENDE Irgendwas.

DER PFARRER Aber Sie haben doch Ihre liebe Frau und Ihren Sohn gehabt.

DIE FRAU Uns hast du doch gehabt, nicht?

DER STERBENDE Ja ...

Stille.

DER STERBENDE Ich meine, wenn irgendwas los gewesen wäre im Leben ...

DER PFARRER Ich verstehe Sie vielleicht nicht ganz. Sie meinen doch nicht, daß Sie nur glauben, weil Ihr Leben Mühsal und Arbeit gewesen ist?

DER STERBENDE *blickt sich suchend um, bis er seinen Sohn sieht:* Und wird es jetzt besser für die?

DER PFARRER Sie meinen für die Jugend? Ja, das hoffen wir.

DER STERBENDE Wenn wir einen Motorkutter hätten ...

DIE FRAU Aber mach dir doch nicht noch Sorgen!

DER PFARRER Sie sollten jetzt nicht an solche Dinge denken.

DER STERBENDE Ich muß.

DIE FRAU Wir kommen doch durch.

DER STERBENDE Aber vielleicht gibt's Krieg?

DIE FRAU Red doch jetzt nicht davon. *Zum Pfarrer:* In der letzten Zeit hat er immer mit dem Jungen über den Krieg geredet. Sie sind aneinandergeraten darüber.

Der Pfarrer blickt auf den Sohn.

DER SOHN Er glaubt nicht an den Aufstieg.

DER STERBENDE Sagen Sie, will der da oben denn, daß es Krieg gibt?

DER PFARRER *zögernd:* Es heißt, selig sind die Friedfertigen.

DER STERBENDE Aber wenn es Krieg gibt ...

DER SOHN Der Führer will keinen Krieg!

Der Sterbende macht eine große Bewegung mit der Hand, die das wegschiebt.

DER STERBENDE Wenn es also Krieg gibt . . .

Der Sohn will etwas sagen.

DIE FRAU Sei still jetzt.

DER STERBENDE *zum Pfarrer, auf seinen Sohn zeigend:* Sagen Sie dem das von den Friedfertigen!

DER PFARRER Wir stehen alle in Gottes Hand, vergessen Sie das nicht.

DER STERBENDE Sagen Sie es ihm?

DIE FRAU Aber der Herr Pfarrer kann doch nichts gegen den Krieg machen, sei doch vernünftig! Darüber soll man gar nicht reden in diesen Zeiten, nicht, Herr Pfarrer?

DER STERBENDE Sie wissen doch, es sind alles Schwindler. Ich kann für mein Boot keinen Motor kaufen. In ihre Flugzeuge bauen sie Motoren ein. Für den Krieg, für die Schlächterei. Und ich kann bei Unwetter nicht hereinkommen, weil ich keinen Motor habe. Diese Schwindler! Krieg machen sie! *Er sinkt erschöpft zurück.*

DIE FRAU *holt erschrocken eine Schüssel mit Wasser und wischt ihm mit einem Tuch den Schweiß ab:* Das müssen Sie nicht hören. Er weiß nicht mehr, was er sagt.

DER PFARRER Beruhigen Sie sich doch, Herr Claasen.

DER STERBENDE Sagen Sie ihm das von den Friedfertigen?

DER PFARRER *nach einer Pause:* Er kann es selber lesen. Es steht in der Bergpredigt.

DER STERBENDE Er sagt, das ist alles von einem Juden und gilt nicht.

DIE FRAU Fang doch nicht wieder damit an! Er meint es doch nicht so. Das hört er eben bei seinen Kameraden!

DER STERBENDE Ja. *Zum Pfarrer:* Gilt es nicht?

DIE FRAU *mit einem ängstlichen Blick auf ihren Sohn:* Bring den Herrn Pfarrer nicht ins Unglück, Hannes. Du sollst ihn das nicht fragen.

DER SOHN Warum soll er ihn nicht fragen?

DER STERBENDE Gilt es oder nicht?

DER PFARRER *nach einer langen Pause, gequält:* In der Schrift steht auch: Gebt Gott, was Gottes ist, und dem Kaiser, was des Kaisers ist.

Der Sterbende sinkt zurück. Die Frau legt ihm das nasse Tuch auf die Stirn.

21

DAS MAHNWORT

> Sie holen die Jungen und gerben
> Das Für-die-Reichen-Sterben
> Wie das Einmaleins ihnen ein.
> Das Sterben ist wohl schwerer.
> Doch sie sehen die Fäuste der Lehrer
> Und fürchten sich, furchtsam zu sein.

Chemnitz, 1937. Ein Raum der Hitlerjugend. Ein Haufen Jungens, die meisten haben Gasmasken umgehängt. Eine kleine Gruppe sieht zu einem Jungen ohne Maske hin, der auf einer Bank allein sitzt und rastlos die Lippen bewegt, als lerne er.

DER ERSTE JUNGE Er hat immer noch keine.

DER ZWEITE JUNGE Seine Alte kauft ihm keine.

DER ERSTE JUNGE Aber sie muß doch wissen, daß er da geschunden wird.

DER DRITTE JUNGE Wenn sie den Zaster nicht hat ...

DER ERSTE JUNGE Wo ihn der Dicke so schon auf dem Strich hat!

DER ZWEITE JUNGE Er lernt wieder. Das Mahnwort.

DER VIERTE JUNGE Jetzt lernt er es seit fünf Wochen, und es sind nur zwei Strophen.

DER DRITTE JUNGE Er kann es doch schon lang.

DER ZWEITE JUNGE Er bleibt doch nur stecken, weil er Furcht hat.

DER VIERTE JUNGE Das ist immer scheußlich komisch, nicht?

DER ERSTE JUNGE Zum Platzen. *Er ruft hinüber:* Kannst du's, Pschierer?
Der fünfte Junge blickt gestört auf, versteht und nickt dann. Darauf lernt er weiter.

DER ZWEITE JUNGE Der Dicke schleift ihn nur, weil er keine Gasmaske hat.

DER DRITTE JUNGE Er sagt, weil er nicht mit ihm ins Kino gegangen ist.

DER VIERTE JUNGE Das hab ich auch gehört. Glaubt ihr das?

DER ZWEITE JUNGE Möglich ist es. Ich ginge auch nicht mit dem Dicken ins Kino. Aber an mich traut er sich nicht ran. Mein Alter würde einen schönen Spektakel machen.

DER ERSTE JUNGE Obacht, der Dicke!

Die Jungens stellen sich stramm in zwei Reihen auf. Herein kommt ein dicklicher Scharführer. Hitlergruß.

DER SCHARFÜHRER Abzählen!

Es wird abgezählt.

DER SCHARFÜHRER GM – auf!

Die Jungens setzen die Gasmasken auf. Einige haben jedoch keine. Sie machen nur die einexerzierten Bewegungen mit.

DER SCHARFÜHRER Zuerst das Mahnwort. Wer sagt uns denn das auf? *Er blickt sich um, als sei er unschlüssig, dann plötzlich:* Pschierer! Du kannst es so schön.

Der fünfte Junge tritt vor und stellt sich vor der Reihe auf. Er ist sehr blaß.

DER SCHARFÜHRER Kannst du es, du Hauptkünstler?

DER FÜNFTE JUNGE Jawohl, Herr Scharführer!

DER SCHARFÜHRER Dann loslegen! Erste Strophe!

DER FÜNFTE JUNGE

Lern dem Tod ins Auge blicken

Ist das Mahnwort unsrer Zeit.

Wird man dich ins Feld einst schicken

Bist du gegen jede Furcht gefeit.

DER SCHARFÜHRER Pisch dir nur nicht in die Hose! Weiter! Zweite Strophe!

DER FÜNFTE JUNGE

Und dann schieße, steche, schlage!

Das erfordert unser . . .

Er bleibt stecken und wiederholt die Worte. Einige Jungens halten mühsam das Losprusten zurück.

DER SCHARFÜHRER Du hast also wieder nicht gelernt?

DER FÜNFTE JUNGE Jawohl, Herr Scharführer!

DER SCHARFÜHRER Du lernst wohl was andres zu Haus, wie?
Brüllend: Weitermachen!

DER FÜNFTE JUNGE

    Das erfordert unser . . . Sieg.

    Sei ein Deutscher . . . ohne Klage . . . ohne Klage

    Sei ein Deutscher, ohne Klage

    Dafür stirb . . . dafür stirb und dafür gib.

DER SCHARFÜHRER Als ob das schwer wäre!

22

> Es kommen die Soldaten.
> Mit Suppen und mit Braten
> Werden sie traktiert
> Daß sie sich für ihn schlagen
> Und ihn nicht lange fragen
> Für wen er seinen Krieg führt.

Berlin, Februar 1937. Gang in einer Kaserne. Zwei proletarische Jungens tragen, scheu um sich blickend, etwas in Packpapier Verpacktes weg.

DER ERSTE JUNGE Heute sind sie aufgeregt, nicht?

DER ZWEITE JUNGE Sie sagen, weil's Krieg geben kann. Wegen Spanien.

DER ERSTE JUNGE Sie sind ganz käseweiß, einige.

DER ZWEITE JUNGE Weil wir Almeria beschossen haben. Gestern abend.

DER ERSTE JUNGE Wo ist denn das?

DER ZWEITE JUNGE In Spanien doch. Hitler hat runtertelegrafiert, daß ein deutsches Kriegsschiff sofort Almeria beschießen soll. Zur Strafe. Weil sie dort rot sind und daß die Roten Schiß kriegen sollen vor dem Dritten Reich. Jetzt kann's Krieg setzen.

DER ERSTE JUNGE Und jetzt haben sie selber Schiß.

DER ZWEITE JUNGE Ja, Schiß haben sie.

DER ERSTE JUNGE Warum bullern sie denn los, wenn sie käseweiß sind und Schiß haben, daß es Krieg geben kann?

DER ZWEITE JUNGE Sie haben doch nur losgebullert, weil Hitler es haben will.

DER ERSTE JUNGE Aber was Hitler will, wollen sie doch auch

Alle sind für Hitler. Weil er doch die junge Wehrmacht aufgebaut hat.

DER ZWEITE JUNGE Das stimmt.

Pause.

DER ERSTE JUNGE Meinst du, wir können schon raus?

DER ZWEITE JUNGE Wart noch, sonst laufen wir noch in so einen Leutnant. Dann nimmt er uns alles ab, und die fallen rein.

DER ERSTE JUNGE Das ist anständig von denen, daß sie uns jeden Tag kommen lassen.

DER ZWEITE JUNGE Die sind doch auch nicht bei Millionärs zu Hause. Die wissen doch! Meine Alte kriegt nur zehn Märker in der Woche, und wir sind drei. Das gibt nur Kartoffeln.

DER ERSTE JUNGE Aber die hier kriegen feines Futter. Heut sind Bouletten.

DER ZWEITE JUNGE Wieviel hast du heut gekriegt?

DER ERSTE JUNGE Einen Schlag, wie immer. Warum?

DER ZWEITE JUNGE Ich hab heute zwei Schlag gekriegt.

DER ERSTE JUNGE Laß sehen. Ich hab nur einen Schlag.

Der zweite Junge zeigt ihm.

DER ERSTE JUNGE Hast du ihnen was gesagt?

DER ZWEITE JUNGE Nein. Guten Morgen, ganz wie immer.

DER ERSTE JUNGE Das versteh ich nicht. Ich hab auch wie immer gesagt. Heil Hitler.

DER ZWEITE JUNGE Das ist komisch. Ich hab zwei Schlag gekriegt.

DER ERSTE JUNGE Wieso plötzlich? Das versteh ich nicht.

DER ZWEITE JUNGE Ich auch nicht. – Jetzt ist die Luft rein.

Sie laufen schnell weg.

23

ARBEITSBESCHAFFUNG

> Es kommen die Arbeitsbeschaffer.
> Der arme Mann ist ihr Kaffer
> Sie stecken ihn hin, wo sie wolln.
> Er darf ihnen wieder dienen
> Er darf ihren Kriegsmaschinen
> Blut und Arbeitsschweiß zolln.

Spandau, 1937. Ein Arbeiter findet, zurückkehrend in seine Wohnung, dort seine Nachbarin vor.

DIE NACHBARIN Guten Abend, Herr Fenn. Ich wollte bei Ihrer Frau etwas Brot ausleihen. Sie ist nur einen Augenblick hinausgegangen.

DER MANN Gerne, gerne, Frau Dietz. Was sagen Sie zu der Stelle, die ich bekommen habe?

DIE NACHBARIN Ja, jetzt kriegen alle Arbeit. In den neuen Motorenwerken sind Sie, nicht? Da machen Sie wohl Bomber?

DER MANN Noch und noch.

DIE NACHBARIN Die brauchen sie jetzt in Spanien.

DER MANN Wieso grad Spanien?

DIE NACHBARIN Man hört so allerhand, was die da liefern. Eine Schande ist es.

DER MANN Passen Sie mal auf Ihre Zunge auf.

DIE NACHBARIN Gehören Sie jetzt auch dazu?

DER MANN Ich gehöre zu gar nichts. Ich mache meine Arbeit. Wo ist denn die Martha?

DIE NACHBARIN Ja, da sollte ich Sie vielleicht vorbereiten. Vielleicht ist es was Unangenehmes. Wie ich hereinkam, war gerade der Briefträger da, und da war so ein Brief, der Ihre Frau aufgeregt hat. Ich habe schon gedacht, ob ich mir das Brot bei Schiermanns ausleihen soll.

DER MANN Nanu. *Er ruft:* Martha!

Herein seine Frau. Sie ist in Trauer.

DER MANN Was ist denn mit dir los? Wer ist denn gestorben?

DIE FRAU Franz. Da ist ein Brief gekommen.

Sie gibt ihm einen Brief.

DIE NACHBARIN Um Gottes willen! Was ist ihm passiert?

DER MANN Es war ein Unglücksfall.

DIE NACHBARIN *mißtrauisch:* Der war doch Flieger, nicht?

DER MANN Ja.

DIE NACHBARIN Und da ist er verunglückt?

DER MANN In Stettin. Bei einer Nachtübung auf dem Truppen-
übungsplatz, steht hier.

DIE NACHBARIN Der ist doch nicht verunglückt! Mir werden
Sie das doch nicht erzählen.

DER MANN Ich sage Ihnen nur, was hier steht. Der Brief ist
vom Lagerkommando.

DIE NACHBARIN Und er hat Ihnen geschrieben in der letzten
Zeit? Aus Stettin?

DER MANN Reg dich nicht auf, Martha. Das hilft ja nichts.

DIE FRAU *schluchzend:* Nein, ich weiß ja.

DIE NACHBARIN Er war so ein netter Mensch, Ihr Bruder. Soll
ich Ihnen einen Topf Kaffee machen?

DER MANN Ja, wenn Sie das machen könnten, Frau Dietz?

DIE NACHBARIN *nach einem Topf suchend:* So was ist immer
ein Schlag.

DIE FRAU Du kannst dich ruhig waschen, Herbert. Frau Dietz
hat nichts dagegen.

DER MANN Das hat Zeit.

DIE NACHBARIN Und er hat Ihnen aus Stettin noch geschrieben?

DER MANN Die Briefe sind immer aus Stettin gekommen.

DIE NACHBARIN *mit einem Blick:* Ach so. Der war wohl auch
südwärts?

DER MANN Was heißt südwärts?

DIE NACHBARIN Fern im Süd das schöne Spanien.

DER MANN *da die Frau wieder in Schluchzen ausbricht:* Nimm dich doch zusammen, Martha! Sie sollten nicht so reden, Frau Dietz.

DIE NACHBARIN Ich möchte nur wissen, was die Ihnen sagen würden in Stettin, wenn Sie kämen und wollten Ihren Schwager holen?

DER MANN Ich komm nicht nach Stettin.

DIE NACHBARIN Die decken alles hübsch sauber zu. Die machen noch eine Heldentat daraus, daß sie nichts aufkommen lassen. Einer in der Schultheißquelle hat noch damit dickgetan, wie schlau sie ihren Krieg verstecken. Wenn ein solcher Bomber abgeschossen wird und die drinnen sitzen springen raus mit dem Fallschirm, dann schießen sie die von den andern Bombern aus noch in der Luft mit dem Maschinengewehr ab, die eigenen, damit sie bei den Roten nichts aussagen können, woher sie kommen.

DIE FRAU *der es schlecht wird:* Gib mir Wasser, Herbert, willst du, mir ist ganz schlecht.

DIE NACHBARIN Ich wollte Sie wirklich nicht noch mehr aufregen, nur: wie sie das alles zudecken! Die wissen genau, daß es ein Verbrechen ist und daß ihr Krieg das Licht scheuen muß. Auch hier. Bei einer Übung verunglückt! Was üben die denn da? Den Krieg üben sie!

DER MANN Reden Sie wenigstens nicht so laut hier. *Zu seiner Frau:* Ist dir besser?

DIE NACHBARIN Sie sind auch so einer, der alles totschweigt. In dem Brief da haben Sie die Quittung!

DER MANN Jetzt sind Sie aber still!

DIE FRAU Herbert!

DIE NACHBARIN Ja, jetzt sind Sie aber still, heißt es! Weil Sie eine Stelle bekommen haben! Aber Ihr Schwager hat auch eine bekommen! Der ist grad mit so einem Ding »verunglückt«, wie Sie es in den Motorenwerken machen.

DER MANN Das ist aber etwas stark, Frau Dietz. Ich arbeite an so einem Ding! Woran arbeiten die andern? Was arbeitet denn Ihr Mann? Glühlampen, wie? Das ist wohl nicht für den Krieg? Das ist nur Beleuchtung! Aber wofür ist die Beleuchtung? Was wird da beleuchtet? Vielleicht werden da Tanks beleuchtet? Oder ein Schlachtschiff? Oder auch so ein Ding? Aber er macht nur Glühlampen! Herrgott, es gibt doch nichts mehr, was nicht für den Krieg ist! Wo soll ich denn Arbeit finden, wenn ich mir sage: Nicht für den Krieg! Soll ich verhungern?

DIE NACHBARIN *kleinlaut:* Ich sage doch nicht, daß Sie verhungern sollen. Natürlich sollen Sie die Arbeit nehmen. Ich rede doch nur über diese Verbrecher. Eine schöne Arbeitsbeschaffung war das!

DER MANN *ernst:* Und du darfst auch nicht so herumlaufen, Martha, in dem Schwarz. Das wollen sie nicht.

DIE NACHBARIN Die Fragen wollen sie nicht, die es dann gibt.

DIE FRAU *ruhig:* Du meinst, ich soll es ausziehen?

DER MANN Ja, sonst bin ich meine Stelle gleich wieder los.

DIE FRAU Ich ziehe es nicht aus.

DER MANN Was heißt das?

DIE FRAU Ich ziehe es nicht aus. Mein Bruder ist tot. Ich gehe in Trauer.

DER MANN Wenn du es nicht hättest, weil Rosa es gekauft hat, als Mutter starb, könntest du auch nicht in Trauer gehen.

DIE FRAU *schreiend:* Ich laß mir nicht die Trauer verbieten! Wenn sie ihn schon abschlachten, dann muß ich wenigstens heulen dürfen! Das hat's ja nie gegeben! So was Unmenschliches hat ja die Welt nicht gesehen! Das sind ja Schwerverbrecher!

DIE NACHBARIN *während der Mann sprachlos vor Entsetzen dasitzt:* Aber Frau Fenn!

DER MANN *heiser:* Wenn du so redest, da kann uns noch mehr passieren, als daß wir nur die Stelle verlieren.

DIE FRAU Dann sollen sie mich doch abholen! Die haben ja auch Frauen-Konzentrationslager. Da sollen sie mich doch reinstecken, weil es mir nicht gleich ist, wenn sie meinen Bruder umbringen! Was hat der in Spanien verloren?

DER MANN Halt den Mund von Spanien!

DIE NACHBARIN Sie reden sich ins Unglück, Frau Fenn!

DIE FRAU Weil sie dir sonst deine Stelle wegnehmen, drum sollen wir stillhalten? Weil wir sonst verrecken, wenn wir ihnen nicht ihre Bombenflieger machen? Und dann verrecken wir doch? Grad wie Franz? Dem haben sie ja auch eine Stelle verschafft. Einen Meter unter dem Boden. Das hätte er auch hier haben können!

DER MANN *will ihr den Mund zuhalten:* Sei doch still! Das hilft doch nicht!

DIE FRAU Was hilft dann? Dann macht doch, was hilft!

24

VOLKSBEFRAGUNG

> Und als wir sie sahen ziehen
> Da haben wir laut geschrien:
> Sagt keiner von euch nein?
> Ihr dürft nicht ruhig bleiben!
> Der Krieg, in den sie euch treiben
> Kann nicht der eure sein!

Berlin, 13. März 1938. In einer proletarischen Wohnung zwei Arbeiter und eine Frau. Der kleine Raum ist durch eine Fahnenstange blockiert. Im Radio hört man ungeheuren Jubel, Glockenläuten und Flugzeuggeräusche. Eine Stimme sagt: »Und nun zieht der Führer in Wien ein.«

DIE FRAU Das ist wie ein Meer.

DER ÄLTERE ARBEITER Ja, er siegt und siegt.

DER JÜNGERE ARBEITER Und wir werden besiegt.

DIE FRAU So ist es.

DER JÜNGERE ARBEITER Horch, wie sie schreien! Als bekämen sie was!

DER ÄLTERE ARBEITER Sie bekommen. Eine Invasionsarmee.

DER JÜNGERE ARBEITER Und dann heißt es »Volksbefragung«. Ein Volk, ein Reich, ein Führer! Willst du das, Deutscher? Und wir können nicht einmal ein kleines Flugblatt herausgeben zu dieser Volksbefragung. Hier in der Arbeiterstadt Neukölln.

DIE FRAU Wieso können wir nicht?

DER JÜNGERE ARBEITER Zu gefährlich.

DER ÄLTERE ARBEITER Jetzt, wo auch noch Karl hochgegangen ist. Wie sollen wir die Adressen kriegen.

DER JÜNGERE ARBEITER Zum Textausarbeiten fehlt uns auch ein Mann.

DIE FRAU *deutet auf das Radio:* Er hatte hunderttausend Mann für seinen Überfall. Uns fehlt ein Mann. Schön. Wenn nur er hat, was er braucht, dann wird eben er siegen.

DER JÜNGERE ARBEITER *böse:* Dann fehlt Karl also nicht.

DIE FRAU Wenn hier eine solche Stimmung herrscht, dann können wir grad so gut auseinandergehen.

DER ÄLTERE ARBEITER Genossen, es hat keinen Sinn, wenn wir uns hier etwas vormachen. Es ist schon so, daß das Herausbringen eines Flugblatts immer schwieriger wird. Wir können nicht so tun, als ob wir das Siegesgebrüll da – *er zeigt auf das Radio* – einfach nicht hörten. *Zu der Frau:* Du mußt zugeben, daß jeder mal, wenn er so was hört, das Gefühl haben kann, daß sie doch immer mächtiger werden. Klingt das nicht wirklich wie ein Volk?

DIE FRAU Das klingt wie zwanzigtausend Besoffene, denen man das Bier gezahlt hat.

DER JÜNGERE ARBEITER Vielleicht sagen das nur wir, du?

DIE FRAU Ja. Wir und solche wie wir.

Die Frau glättet einen kleinen, zerknitterten Zettel.

DER ÄLTERE ARBEITER Was ist das?

DIE FRAU Das ist die Abschrift eines Briefes. Da wir den Lärm haben, kann ich ihn vorlesen.

Sie liest:

»MEIN LIEBER SOHN! MORGEN WERDE ICH SCHON NICHT MEHR SEIN. DIE HINRICHTUNG IST MEISTENS FRÜH SECHS. ICH SCHREIBE ABER NOCH, WEIL ICH WILL, DASS DU WEISST, DASS MEINE ANSICHTEN SICH NICHT GEÄNDERT HABEN. ICH HABE AUCH KEIN GNADENGESUCH EINGEREICHT, DA ICH JA NICHTS VERBROCHEN HABE. ICH HABE NUR MEINER KLASSE GEDIENT. WENN ES AUCH AUSSIEHT, ALS OB ICH DAMIT NICHTS ERREICHT HABE, SO IST DAS DOCH NICHT DIE WAHRHEIT. JEDER AUF SEINEN PLATZ, DAS MUSS DIE PAROLE SEIN! UNSERE AUFGABE IST SEHR SCHWER, ABER ES IST DIE GRÖSSTE, DIE ES GIBT, DIE MENSCHHEIT VON IHREN UNTERDRÜCKERN ZU BEFREIEN. VORHER HAT DAS LEBEN KEINEN WERT, AUSSER DAFÜR. WENN WIR UNS DAS NICHT IMMER VOR AUGEN HALTEN, DANN VERSINKT

DIE GANZE MENSCHHEIT IN BARBAREI. DU BIST NOCH SEHR KLEIN, ABER ES SCHADET NICHTS, WENN DU IMMER DARAN DENKST, AUF WELCHE SEITE DU GEHÖRST. HALTE DICH ZU DEINER KLASSE, DANN WIRD DEIN VATER NICHT UMSONST SEIN SCHWERES SCHICKSAL ERLITTEN HABEN, DENN ES IST NICHT LEICHT. KÜMMERE DICH AUCH UM MUTTER UND DIE GESCHWISTER, DU BIST DER ÄLTESTE. DU MUSST KLUG SEIN. ES GRÜSST EUCH ALLE DEIN DICH LIEBENDER VATER.«

DER ÄLTERE ARBEITER Wir sind doch nicht so wenige.

DER JÜNGERE ARBEITER Was soll denn stehen in dem Flugblatt zur Volksbefragung?

DIE FRAU *nachdenkend:* Am besten nur ein Wort: NEIN!

Anmerkungen zu
»Furcht und Elend des Dritten Reiches«

»Furcht und Elend des Dritten Reiches« beruht auf Augenzeugenberichten und Zeitungsnotizen.

Die Szenen wurden 1938 für den Malik-Verlag in Prag gedruckt, konnten aber infolge des Hitlerschen Überfalls nicht mehr verbreitet werden.

Eine Bühnenbearbeitung für Amerika wurde unter dem Titel »The Private Life of the Master Race« in New York und San Francisco aufgeführt. Sie enthält

im I. Teil die Szenen 2, 3, 4, 13 und 14,
im II. Teil die Szenen 8, 9, 6 und 10,
im III. Teil die Szenen 15, 19, 17, 11, 18, 16, 20 und 24.

Das Grundelement der Dekoration bildet der klassische Panzerkarren der Naziarmee. Er taucht viermal auf, zu Beginn, zwischen den Teilen und am Ende. Zwischen den einzelnen Szenen hört man eine Stimme und das Rollen des Karrens. Dieses Rollen wird auch hörbar während der Szenen, wenn der Terror einsetzt, der die Menschen auf den Kriegskarren bringen wird.

Als Beispiel:

I. Teil
Aus dem Dunkel taucht zu den Klängen einer barbarischen Marschmusik ein großer Wegweiser mit der Inschrift »NACH POLEN« und daneben der Panzerkarren auf. Er ist bemannt mit zwölf bis sechzehn Soldaten, welche Gewehre zwischen den

Knien halten, bestahlhelmt sind und kalkweiße Gesichter haben.

Folgt: CHOR

Als nun der Führer . . .

. . . mit eisenharter Hand.

Es wird wieder dunkel. Das dumpfe Rollen des Panzerkarrens hält noch einige Sekunden an. Dann hellt sich die Bühne von neuem auf, und man sieht ein Treppenhaus. Über der Szene hängen große schwarze Buchstaben: BRESLAU, SCHUSTERGASSE 2.

Folgt: SZENE 2

Folgt: STIMME

So verriet der Nachbar . . .

. . . luden wir auf unsern Kriegskarren.

CHOR DER PANZERBESATZUNG

Vor dem I. Teil:

Als nun der Führer Ordnung hatt' geschaffen
In Deutschland selbst mit eisenharter Hand
Befahl er, diese Ordnung mit der Macht der Waffen
Zu schaffen uns in jedem andern Land.
So brachen wir, gehorchend unsern Obern
Gewaltig auf – 's war ein Septembertag –
In aller Blitzesschnelle für sie zu erobern
'ne alte Stadt, die hoch in Polen lag.
Bald sah Europa unsre Eisenkärren
Mit Blut beschmiert vom Seine- zum Wolgastrand
Denn unser Führer hat uns ja zu einem Herren-
Volk umgeschweißt mit eisenharter Hand.

Vor dem II. Teil:

Verrat und Zwietracht wird der Welt zum Fluche
Und unser Karren nimmet seinen Lauf:

Die Zwietracht steht und winkt uns mit dem weißen Tuche
Und der Verrat sperrt uns die Tore auf.
Und unsern Karren sieht man siegreich rollen
Zum dänischen Sund, durch Flanderns Sommersaat.
Die Völker, die die Neue Zeit nicht sehen wollen
Sie kommen unter Hitlers Panzerrad.
Denn was er erst getan für deutsche Lande
Das tut er nun für ganz Europas Wohl:
Er pflanzt vom Eismeer zu des Mittelmeeres Rande
Der Neuen Ordnung Hakenkreuzsymbol.

Vor dem III. Teil:

Denn unsern Karren baute Krupp von Bohlen
Und Herr von Thyssen schraubte Räder dran.
Und drei Bankiers, die wußten, wo etwas zu holen
War, und zwölf Junker wußten, wie und wann.

Nach dem III. Teil:

Im dritten Winter freilich blieb der Karren
Der Welteroberung uns plötzlich stehn
Und eine Furcht kommt uns, wir sind zu weit gefahren
Als daß wir je die Heimat wiedersehn.
Denn wie wir auf dem Weg nach Osten waren
Fiel Schnee wohl auf des Führers Siegeskranz.
Zum erstenmal wollt unser Karrn nicht weiterfahren
Im dritten Jahr, im Land des armen Manns.
Geknechtet fuhrn wir aus, die Welt zu knechten
Und vergewaltigt brauchten wir Gewalt:
Nun steht der Tod zur Linken und der Tod zur Rechten
Weit ist der Heimweg, und es ist kalt.

Nach der 2. Szene:

So verriet der Nachbar den Nachbarn
So zerfleischten sich die kleinen Leute
Und die Feindschaft wuchs in den Häusern und in Stadt-
      vierteln
Und wir schritten sicher einher
Und luden auf unsern Karren
Jeden, der nicht erschlagen war:
Dies ganze Volk von Verrätern und Verratenen
Luden wir auf unsern Kriegskarren.

Nach der 3. Szene:

Aus den Fabriken und aus den Küchen und von den Stem-
      pelstellen
Holten wir die Besatzung für unsern Karren.
Der arme Mann schleppte uns den armen Mann auf unsern
      Karren.
Mit dem Judaskuß brachten wir ihn auf unsern Karren
Mit dem Freundesschlag auf die Schulter
Brachten wir sie auf unsern Kriegskarren.

Nach der 4. Szene:

Die Zwietracht des Volks hat uns groß gemacht.
Unsere Gefangenen schlugen sich noch in den Konzentra-
      tionslagern
Und dann kamen sie doch alle auf unsern Karren.
Die Gefangenen kamen auf unsern Karren
Und die Wächter kamen auf unsern Karren.
Die Gepeinigten und die Peiniger
Das kam alles auf unsern Kriegskarren.

Nach der 13. Szene:

Wir überhäuften den braven Arbeitsmann mit Beifall
Und wir überhäuften ihn mit Drohungen.
Wir stellten Blumentöpfe in seine Schwitzbude
Und SS-Männer an den Ausgang.
Unter Salven von Beifall und Salven von Gewehrschüssen
Luden wir ihn auf unsern Kriegskarren.

Vor der 8. Szene:

Ihre Kinder an sich drückend
Stehen die Mütter der Bretagne und durchforschen ent-
     geistert
Den Himmel nach den Erfindungen unserer Gelehrten.
Denn es sind auch gelehrte Männer auf unserm Karren
Schüler des berüchtigten Einstein
Freilich in eiserne Schulung genommen vom Führer
Und belehrt, was arische Wissenschaft ist.

Vor der 9. Szene:

Ein Arzt ist auch auf unserm Karren
Der bestimmt, wer von den Frauen der polnischen Bergleute
Ins Bordell nach Krakau eingeliefert werden soll
Und er macht das gut und ohne Federlesen
In Erinnerung an den Verlust s e i n e r Frau
Die eine Jüdische war und weggeschickt wurde
Denn der Herrenmensch will sorgfältig gepaart sein
Und der Führer bestimmt, mit wem er zu liegen hat.

Vor der 6. Szene:

Und es sind auch Richter auf unserm Karren
Findig im Geiselnehmen, ausklaubend hundert Opfer

Angeklagt, Franzosen zu sein
Und überführt der Liebe zu ihrem Land
Denn unsere Richter sind gelehrt im deutschen Recht
Und wissen, was von ihnen verlangt wird.

Vor der 10. Szene:

Und da ist auch ein Lehrer auf unserm Karren
Ein Hauptmann jetzt, mit einem Hut aus Stahl
Der erteilt seine Lektionen
Den Fischern Norwegens und den Weinbauern der Cham-
pagne
Denn da war ein Tag vor sieben Jahren
Verblichen wohl, aber vergessen niemals
Wo er im Schoß seiner Familie lernte
Spione zu hassen.
Und wohin wir kamen, hetzten wir den Vater gegen den
Sohn
Und den Freund gegen den Freund.
Und wir hausten im fremden Land nicht anders
Als wir in unserm Lande gehaust hatten.

Vor der 19. Szene:

Und es ist kein Geschäft außer dem unsrigen.
Und es weiß keiner, wie lang er zu uns gehört.

Vor der 17. Szene:

Und wir kommen, ausgehungert wie die Heuschrecken
Und fressen ganze Länder leer in einer Woche
Denn wir haben Kanonen bekommen statt Butter
Und in unser tägliches Brot mischten wir lange schon Kleie.

Vor der 11. Szene:

Und wo wir hinkommen, sind die Mütter nicht sicher, noch
    die Kinder
Denn wir haben unsere eigenen Kinder
Nicht verschont.

Vor der 18. Szene:

Und das Korn in der Scheuer ist nicht sicher vor uns
Noch das Vieh im Stall
Denn unser eigenes Vieh ist uns weggenommen worden.

Vor der 16. Szene:

Und wir nehmen ihnen die Söhne weg und die Töchter
Und schmeißen ihnen Kartoffeln hin aus Barmherzigkeit
Und heißen sie »Heil Hitler« schreien wie unsere eigenen
    Mütter
Als ob sie am Spieße stäken.

Vor der 20. Szene:

Und es ist kein Gott
Außer Adolf Hitler.

Vor der 24. Szene:

Und wir unterwarfen die fremden Völker
Wie wir das eigene Volk unterworfen haben.

Bertolt Brecht
im Suhrkamp und im Insel Verlag

Über Bertolt Brecht

Bertolt Brecht. Sein Leben in Bildern und Texten. Mit einem Vorwort von Max Frisch. Herausgegeben von Werner Hecht. Gestaltet von Willy Fleckhaus. st 3217. 352 Seiten

Hans Mayer. Brecht. 510 Seiten. Leinen

Hans Mayer. Erinnerung an Brecht.
Englische Broschur und st 2803. 128 Seiten

Werner Hecht. Brecht Chronik 1898-1956. 1320 Seiten.
Leinen im Schuber

alles was Brecht ist ... Begleitbuch zu den gleichnamigen Sendereihen von 3sat und S2 Kultur. Herausgegeben von Werner Hecht. Mit zahlreichen Abbildungen.
320 Seiten. Broschur

Walter Benjamin. Versuche über Brecht. Herausgegeben und mit einem Nachwort versehen von Rolf Tiedemann.
es 172. 210 Seiten

James K. Lyon. Bertolt Brecht in Amerika. Übersetzt von Traute M. Marshall. 527 Seiten. Gebunden

Michael Bienert. Mit Brecht durch Berlin. Ein literarischer Reiseführer. it 2169. 271 Seiten

Jan Knopf. Gelegentlich: Poesie. Ein Essay über die Lyrik Bertolt Brechts. 295 Seiten. Gebunden

NF 232/1/5.02

D. Stephan Bock. Coining Poetry. Brechts ›Guter Mensch von Sezuan‹. Zur dramatischen Dichtung eines neuen Jahrhunderts. es 2057. 516 Seiten

Brecht im Gespräch. Diskussionen, Dialoge, Interviews. Herausgegeben von Werner Hecht. es 771. 211 Seiten

Berliner Brecht Dialog 1998. Herausgegeben von Therese Hörnigk, Literaturforum im Brecht-Haus. es 2094. 297 Seiten

Werkausgaben

Werke. Große kommentierte Berliner und Frankfurter Ausgabe. 30 Bände (33 Teile). Herausgegeben von Werner Hecht, Jan Knopf, Werner Mittenzwei und Klaus-Detlef Müller. 20650 Seiten. Leinen und Leder

Ausgewählte Werke in 6 Bänden. Jubiläumsausgabe zum 100. Geburtstag. 4000 Seiten. Gebunden in Kassette

Stücke

Der aufhaltsame Aufstieg des Arturo Ui. es 144. 134 Seiten

Aufstieg und Fall der Stadt Mahagonny. Oper. es 21. 96 Seiten

Baal. Drei Fassungen. Kritisch ediert und kommentiert von Dieter Schmidt. es 170. 213 Seiten

Die Dreigroschenoper. Nach John Gays ›The Beggar's Opera‹. es 229. 109 Seiten

NF 232/3/5.02

Bertolt Brechts Hauspostille. Mit Anleitungen, Gesangs-
noten und einem Anhang. BS 4. 164 Seiten

Hundert Gedichte. Ausgewählt von Siegfried Unseld.
st 2800. 188 Seiten

Über Verführung. Erotische Gedichte. Mit Radierungen von
Pablo Picasso. Zusammengestellt von Günter Berg.
IB 1210. 88 Seiten

Prosa

Dreigroschenroman. st 1846. 392 Seiten

Flüchtlingsgespräche. Erweiterte Ausgabe. BS 1274. 152 Seiten

Die Geschäfte des Herrn Julius Caesar. Romanfragment.
es 332. 234 Seiten

Geschichten vom Herrn Keuner. st 16. 108 Seiten

Kalendergeschichten. Mit einem Nachwort von Jan Knopf.
BS 1343. 160 Seiten

Me-ti, Buch der Wendungen. BS 228. 174 Seiten

Die unwürdige Greisin und andere Geschichten. Zusammengestellt und mit Anmerkungen versehen von Wolfgang
Jeske. st 1746. 220 Seiten

NF 232/5/5.02

Schriften

Dialoge aus dem Messingkauf. BS 140. 180 Seiten

Politische Schriften. Ausgewählt von Werner Hecht.
BS 242. 179 Seiten

Schriften zum Theater. Über eine nichtaristotelische
Dramatik. Zusammengestellt von Siegfried Unseld.
BS 41. 292 Seiten

Über die bildenden Künste. Herausgegeben von Jost
Hermand. Mit zahlreichen Abbildungen. es 691. 270 Seiten

Brecht-Lesebücher

Brecht für Anfänger und Fortgeschrittene. Ein Lesebuch.
Ausgewählt von Siegfried Unseld. Mit einem Vorwort von
Hans Mayer. es 1826. 382 Seiten

Der Kinnhaken. Und andere Box- und Sportgeschichten.
Herausgegeben und mit einem Nachwort von Günter Berg.
st 2395. 164 Seiten

Lektüre für Minuten. Aus seinen Stücken, Gedichten,
Schriften und autobiographischen Schriften. Ausgewählt und
mit einem Nachwort von Günter Berg. 232 Seiten. Gebunden

NF 232/7/5.02

Materialien

Brecht-Journal. Herausgegeben von Jan Knopf.
es 1191. 258 Seiten

Brecht-Journal 2. Herausgegeben von Jan Knopf.
es 1396. 210 Seiten

Brechts ›Antigone des Sophokles‹. Herausgegeben von
Werner Hecht. stm. st 2075. 308 Seiten

Baal. Der böse Baal der asoziale. Texte, Varianten, Materialien. Kritisch ediert und kommentiert von Dieter Schmidt.
es 248. 234 Seiten

Bertolt Brechts Dreigroschenbuch. Texte, Materialien, Dokumente. Herausgegeben von Siegfried Unseld. Mit einem
Bildteil. st 87. 712 Seiten

Brechts ›Dreigroschenoper‹. Herausgegeben von Werner
Hecht. stm. st 2056. 314 Seiten

Brechts ›Guter Mensch von Sezuan‹. Herausgegeben von
Jan Knopf. stm. st 2021. 315 Seiten

Der Jasager und Der Neinsager. Vorlagen, Fassungen, Materialien. Herausgegeben und mit einem Nachwort versehen
von Peter Szondi. es 171. 112 Seiten

Brechts ›Leben des Galilei‹. Herausgegeben von Werner
Hecht. stm. st 2001. 246 Seiten

Brechts ›Mahagonny‹. Herausgegeben von Fritz Hennenberg und Jan Knopf. st 2081.

stm = suhrkamp taschenbuch materialien

Neue deutschsprachige Literatur
in der edition suhrkamp
Eine Auswahl

Kurt Aebli
- Küß mich einmal ordentlich. Prosa. es 1618. 106 Seiten
- Mein Arkadien. Prosa. es 1885. 115 Seiten
- Die Uhr. Gedichte. es 2186. 90 Seiten

Paul Brodowsky
- Milch Holz Katzen. es 2267. 72 Seiten

Gion M. Cavelty
- Ad absurdum oder Eine Reise ins Buchlabyrinth.
  es 2031. 110 Seiten
- Quifezit oder Eine Reise im Geigenkoffer.
  es 2001. 106 Seiten
- Tabula rasa oder Eine Reise ins Reich des Irrsinns.
  es 2076. 107 Seiten

Esther Dischereit
- Joëmis Tisch. Eine jüdische Geschichte. es 1492. 122 Seiten
- Übungen, jüdisch zu sein. Aufsätze. es 2067. 150 Seiten

Dirk Dobbrow
- Late Night. Legoland. Stücke und Materialien.
  es 3403. 204 Seiten
- Der Mann der Polizistin. Roman. es 2237. 190 Seiten

Kurt Drawert
- Alles ist einfach. Stück in sieben Szenen. es 1951. 116 Seiten
- Haus ohne Menschen. Zeitmitschriften. es 1831. 120 Seiten
- Privateigentum. Gedichte. es 1584. 138 Seiten
- Rückseiten der Herrlichkeit. Texte und Kontexte.
  es 2211. 256 Seiten

- Spiegelland. Ein deutscher Monolog. es 1715. 157 Seiten
- Steinzeit. es 2151. 160 Seiten

Kurt Drawert (Hg.)
- Das Jahr 2000 findet statt. Schriftsteller im Zeitenwechsel.
  es 2136. 280 Seiten

Oswald Egger
- Herde der Rede. Poem. es 2109. 380 Seiten
- Nichts, das ist. Gedichte. es 2269. 160 Seiten

Werner Fritsch
- Aller Seelen. Golgatha. Stücke und Materialien.
  es 3402. 200 Seiten
- Es gibt keine Sünde im Süden des Herzens. Stücke.
  es 2117. 302 Seiten
- Fleischwolf. Gefecht. es 1650. 112 Seiten
- Die lustigen Weiber von Wiesau. Stück und Materialien.
  es 3400. 189 Seiten
- Steinbruch. es 1554. 53 Seiten

Rainald Goetz
- Celebration. Texte und Bilder zur Nacht. es 2118. 286 Seiten
- Hirn/Krieg. es 1320. 508 Seiten
- Kronos. Berichte. es 1795. 401 Seiten

Durs Grünbein
- Grauzone morgens. Gedichte. es 1507. 93 Seiten

Norbert Gstrein
- Anderntags. Erzählung. es 1625. 116 Seiten
- Einer. Erzählung. es 1483. 118 Seiten

Katharina Hacker
- Morpheus oder Der Schnabelschuh. es 2092. 126 Seiten

- Tel Aviv. Eine Stadterzählung. es 2008. 145 Seiten

Johannes Jansen
- heimat ... abgang ... mehr geht nicht. ansätze. mit zeichnungen von norman lindner. es 1932. 116 Seiten
- Reisswolf. Aufzeichnungen. es 1693. 67 Seiten
- Splittergraben. Aufzeichnungen II. Mit zahlreichen Abbildungen. es 1873. 116 Seiten
- Verfeinerung der Einzelheiten. Erzählung. es 2223. 112 Seiten

Barbara Köhler
- Deutsches Roulette. Gedichte. es 1642. 85 Seiten
- Wittgensteins Nichte. vermischte schriften / mixed media. es 2153. 175 Seiten

Uwe Kolbe
- Abschiede. Und andere Liebesgedichte. es 1178. 82 Seiten
- Hineingeboren. Gedichte. 1975-1979. es 1110. 137 Seiten

Ute-Christine Krupp
- Alle reden davon. Roman. es 2235. 140 Seiten
- Greenwichprosa. es 2029. 102 Seiten

Ute-Christine Krupp/Ulrike Janssen (Hg.)
- »Zuerst bin ich immer Leser«. Prosa schreiben heute. es 2201. 100 Seiten

Christian Lehnert
- Der Augen Aufgang. Gedichte. es 2101. 112 Seiten
- Der gefesselte Sänger. Gedichte. es 2028. 92 Seiten

Jo Lendle
- Unter Mardern. es 2111. 99 Seiten

NF 313/3/2.02

Thomas Meinecke
- The Church of John F. Kennedy. Roman. es 1997. 245 Seiten

Bodo Morshäuser
- Hauptsache Deutsch. es 1626. 205 Seiten
- Revolver. Vier Erzählungen. es 1465. 140 Seiten
- Warten auf den Führer. es 1879. 142 Seiten

José F. A. Oliver
- fernlautmetz. Gedichte. es 2212. 80 Seiten

Albert Ostermaier
- Death Valley Junction. Stücke und Materialien.
  es 3401. 111 Seiten
- Erreger. Es ist Zeit. Abriss. Stücke und Materialien.
  es 3421. 111 Seiten
- fremdkörper hautnah. Gedichte. es 2032. 100 Seiten
- Herz Vers Sagen. Gedichte. es 1950. 73 Seiten
- Letzter Aufruf. 99 Grad. Katakomben. Stücke und Materia-
  lien. es 3417. 150 Seiten
- The Making Of. Radio Noir. Stücke. es 2130. 192 Seiten

Doron Rabinovici
- Credo und Credit. Einmischungen. es 2216. 160 Seiten
- Österreich. Berichte aus Quarantanien. Herausgegeben von
  Isolde Charim und Doron Rabinovici. es 2184. 172 Seiten
- Papirnik. Stories. es 1889. 134 Seiten

Ilma Rakusa
- Love after Love. Gedichte. es 2251. 68 Seiten

Patrick Roth
- Ins Tal der Schatten. Frankfurter Poetikvorlesungen.
  es 2277. 120 Seiten

NF 313/5/2.02

Neue Historische Bibliothek
in der edition suhrkamp

»Hans-Ulrich Wehlers fast aus dem Nichts entstandene
›Neue Historische Bibliothek‹ ist nicht nur ein forschungs-
internes, sondern auch ein kulturelles Ereignis.«
Frankfurter Allgemeine Zeitung

Winfried Schulze. Deutsche Geschichte im 16. Jahrhundert. es 1268. 312 Seiten

Reinhard Sieder. Sozialgeschichte der Familie. es 1276. 360 Seiten

Wolfram Siemann
- Die deutsche Revolution von 1848/49. es 1266. 256 Seiten
- Gesellschaft im Aufbruch. Deutschland 1849-1871. es 1537. 355 Seiten

Dietrich Staritz. Geschichte der DDR 1949-1989. es 1260. 350 Seiten

Dietrich Thränhardt. Geschichte der Bundesrepublik Deutschland. 1949-1989. es 1267. 387 Seiten

Hans-Peter Ullmann. Das Deutsche Kaiserreich 1871-1918. es 1546. 308 Seiten

Hans-Ulrich Wehler. Grundzüge der amerikanischen Außenpolitik 1750-1900. Von den englischen Küstenkolonien zur amerikanischen Weltmacht. es 1254. 222 Seiten

Albert Wirz. Sklaverei und kapitalistisches Weltsystem. es 1256. 256 Seiten

Gilbert Ziebura. Weltwirtschaft und Weltpolitik 1922/24-1931. Zwischen Rekonstruktion und Zusammenbruch. es 1261. 230 Seiten

Personen, Ereignisse, Soziale Bewegungen. Gesamtregister zur ›Modernen Deutschen Geschichte‹. Redaktion: Bernd Holtwick und Claus Kröger. es 1280. 160 Seiten

NF 317/4/11.00